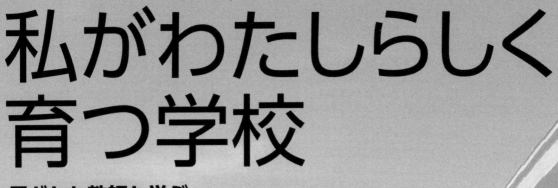

私がわたしらしく育つ学校

子どもも教師も学ぶ
大町市立第一中学校のカリキュラム・マネジメント

編著　村瀬公胤

著　塩原雅由・山﨑晃・林健司・矢口直樹
　　大町市立第一中学校

執筆者一覧（肩書きは2020年3月現在）

編著　村瀬公胤　一般社団法人麻布教育研究所　所長（1章・はじめに・おわりに）

著　塩原雅由　大町市教育委員会　学校教育指導主事（2章）

　　山﨑　晃　大町市立第一中学校　校長（3章、10章）

　　林　健司　大町市立第一中学校　教頭（4章）

　　矢口直樹　大町市立第一中学校　教諭（5章）

　　大町市立第一中学校　教職員（6〜9章、第Ⅱ部教科コンパス・シラバス）

はじめに

　本書は、長野県大町市立第一中学校の学校改革の歩みと成果を記録し、教育関係者また一般の方々に紹介するものです。「ビジョン」「組織づくり」「学びのデザイン」の3つを統合して進める学校改革の力強さをご覧いただきたいと思うとともに、改革の難しさ、それを乗り越えて持続していくための知恵と工夫についても、皆様と共有できましたらありがたく思います。

　編著者の村瀬は、平成27年度よりアドバイザーとして同校の改革に関わってまいりました。これまでも素晴らしい学校や先生方との出会いは数多くありましたが、その中でも同校の取り組みは、学校改革のあらゆる要素を包含しながら、なおかつ明晰なシステムとして具現化されている貴重な例として、書籍化する意義を感じました。授業改善、学力向上、不登校の減少、主体的・対話的で深い学び、カリキュラム・マネジメント、インクルーシブ教育、働き方改革等々、学校が担うべきとされる事柄が山盛りのようにある今日、一つのビジョンを掲げ、教師が専門性と主体性を発揮しながら学び合い、子どもたちが自立／自律的な学び手として育っていく空間を創出した同校の実践に、私も学びましたし、皆様とも共有したいと思いました。

　本書は第Ⅰ部と第Ⅱ部に分かれ、第Ⅰ部第1章では同校の実践の意義を考察しながら改革を俯瞰し、第2章では実践の背景となる哲学・思想・具体的な要件を概観します。第3章からは、同校の経営ビジョンとそれに基づく組織づくり、研修体制、学校運営のシステムについてご紹介します。第Ⅱ部は、同校の先生方によってデザインされたカリキュラムの、具体的な姿をご覧いただきます。
（なお、本書の内容の一部は、同校がこれまで毎年作成してきた冊子『自立した学び手を育成するガイドライン』に掲載されてきたものであり、それと本書のために書き下ろされた内容を合わせて書籍にいたしました。そのため、常体／敬体等、表記で統一されていない部分もございますが、原資料のよさや雰囲気を残すため、あえて統一しておりませんことを、予めお伝えいたします。）

　私たちの学びが、この1冊を手に取られた方にとっても学びの道標になりましたら幸いです。

著者を代表して

村瀬　公胤

【目次】

第6章　学校づくりのねらいと重点

第7章　教育システム

第8章　自立した学び手を育む教育課程の実際

第9章　「協働の学びを軸とした授業」の構想

第10章　学校改革を継続すること

第Ⅱ部　各教科コンパスとシラバス

おわりに

第Ⅰ部

学校づくりの原理と
具体的な姿

第1章 大町一中の挑戦とその意義

❶ 挑戦を振り返る

本章筆者は、日本各地の学校改革や海外の教育改革に関わってきた。その経験から見ても、大町市立第一中学校（以下、大町一中）の改革は貴重な事例であり、筆者自身が多くのことを学ばせていただいた学校である。本章では、平成27年度から足かけ5年を数える本校の改革の歩みを振り返り、その意義を考察するとともに、全国の学校改革への示唆とこれからの展望を得たいと思う。

大町一中の改革は1）ビジョンに基づく学校経営の革新、2）新学習指導要領やグローバルな教育改革の流れに沿った生徒と教師の学びのデザイン、の2点が中核にあり、私たちはここから多くを学ぶことができる。と、同時に、改革はけっして平易なものではないことも、本校の歩みは示している。これまでの道のりとこれらについて、以下、考察する。

❷ ビジョンに基づく学校経営

学校改革を志す校長が全国にいる。教育への自らの思いや考えを実践に問い、子どもたちや教職員が学び育つ学校を経営したいと思えばこそ管理職になったのであるから、自然なことであろう。しかしまた、学校改革がそうたやすいものではないことも、事実として私は経験してきた。これを乗り越える第一の方途が、ビジョンに基づく学校経営である。

1．ビジョンの設定

大町一中の改革ビジョンについて、塩原雅由前校長は次のように語っていた。「校長の仕事は、職員にとってわかりやすい、やりがいのある経営ビジョンを打ち立てること、そしてそのビジョンをどうやって職員に浸透させるかの戦略を考えること。それだけと言っても過言ではないくらいだ」と。そこで打ち出されたのが「**聴く学校**」というビジョンである。

まず、このビジョンの位置、設定のレベル感が絶妙である。私が知る限り、多くの校長が、校是や校訓をビジョンにする誤りや、個別の研究テーマをビジョンにする誤りに陥っている。たとえば「凡事徹底」や「自主自律」などの校訓は、組織成員の精神的姿勢のあり方を推奨する文言にはなるが、組織運営に際しての思考と判断の拠り所にはならない。一方、「主体的な学び」や「学び続ける力の育成」等は、それ自体はよいテーマでも、経営方針として具体的な行動指針にはならない弱点があり、かつ、授業改革としては検証対象になる方法論のように誤解されがちという弱点があり、いずれにしてもビジョンとして成り立ちにくい。

2. ビジョンの共有

　ビジョンは、組織に参加する人々（教師も子どもも）が自らの行動について思考・判断するときの拠り所として共有可能なものであり、しかもそれは参加者の個性に基づいた学習／実践の多様性を受けとめられるだけの幅広さを持つという、二つの性質を備えている必要がある。分かりやすく言えば、具体的過ぎないけれど具体的にイメージしやすい、という性質である。

　「聴く学校」は、教職員があらゆる場面で参照できる。明日の指導案を考えるときには、「聴く学校」にふさわしい授業かと自問自答し、生徒指導の問題が生じたときには、いまこの生徒にどう対応することが「聴く学校」であるのかという基準から判断できる。保護者、地域との関わり方も、「聴く学校」であるかどうかに基づいて方針が立てられる。これらが教職員の安心感につながり、外部からは意思が統一されて安心できる学校という定評に結びつく。

　この統一感も、多くの校長が間違いやすい点である。日本の学校には、共通実践という習慣があるが、同じことをすることがビジョンを共有することだと勘違いしている例が多い。「5分前行動」「明るいあいさつ」等々、これら一つ一つが間違いなのではない。これらをやったかどうかで、改革に参画しているか、指示に従っているかを見ようとする、その姿勢が間違いなのである。先にも述べたように、ビジョンは参加者の自発性と創造性を保障し、様々な教師や子どもを受け入れる多様性の器である。逆に、評価的共通実践は、教師や子どもを、できる人とできない人に、やる人とやらない人に二分する。これをビジョンの共有とは言わない。

　さらに危ういのは、表面だけ揃っている場合である。心を異にしながら同じ行動をしている学校が、健全に教師や子どもが学び育つ場になるはずがない。繰り返しになるが、共通実践がよくないのではない、共通実践を形だけで追求し、外形的に判断する基準にしようとする姿勢が誤っているのである。

　また、上に述べたように、「子ども」もビジョンの担い手であることは重要である。ふつう、学校改革のビジョンは、教職員のみで共有されることが多い。しかし、大町一中では生徒たちも「聴く学校」のビジョンを共有し、誇りに感じていた。中学生が自らの学びの姿や学校生活を省みるときに、拠り所なるビジョンがあるとは、どれほど幸せなことだろうか。そしてこのビジョンがあるおかげで、教師と子どもたちは授業・学校を共同でつくるパートナーになれるのである。大町一中の改革がパワーを持っていた、究極の理由がここにある。

学校経営ビジョン
　学校組織の成員（教職員だけでなく児童生徒、さらには保護者等も含む）の教育・学習の実践に際して思考と判断の拠り所となり、「自分はどこを向いて何をすればよいのかが分かる」もの。誰もが共有できるイメージとしてある程度の具体性を持つと同時に、成員の個性や創意工夫を保障するだけの幅のある抽象性を兼ね備えている。

❸ 生徒の学びのデザイン

　大町一中の学びは、「協働の学び（＝「聴く・問う」から始まる対話活動を基盤として、課題について少人数で互恵的に語り合う）」を中軸に据えている。この文言だけであれば、最近多くの学校が取り組み始めている理念に似ていると思われるかもしれない。しかし、大町一中では、この文言を裏打ちする、確かな理論と実践がある。本書の第Ⅱ部に掲載の各教科のコンパスとシラバス、そしてそれらの学びを支える仕組みについて、以下に検討する。

1. コンパス

　生徒用と教員用の2バージョンで表現されているコンパスは、教科の本質とつけたい資質・能力を示している。○○科は何を学ぶ教科であり、どのような力をつけるために、どのようにしてそれを学ぶのか、理念から具体的なアプローチまでが1頁に端的にまとめられている。各教科の学習を、なぜ、何のために学ぶのかという問いに対する答えがここにある。もちろんこの答えは、唯一の正解というものはない。むしろ、先生の数だけあってもよいものである。大切なのは、全ての先生が、その人なりの答えを持っていることである。それがあってはじめて、1単元毎や1時間毎の授業を設計できるのだから。

　「なぜそれを教えるのですか」と問われたときに、「教科書にあるから」では答えにならない。新学習指導要領が全ての教員にカリキュラム・マネジメントを求めていることを考えるならば、この問いに対する答えを持っていることがいかに重要であるか分かるだろう。教科の本質について見識を持っていることは、カリキュラム・マネジメントを実行し、授業をデザインするための基礎である。

2. シラバス

　コンパスのあとには、「単元の核心」と「本質的な問い」を並べたシラバスがある。これは、上に述べたカリキュラム・マネジメントについての、大町一中の先生方の基本的な姿勢を示している。コンパスで述べた教科の本質を、子どもたちが学習する対象とつき合わせて具現化していくプロセスがカリキュラム・マネジメントである。単元名と時数を各学期に並べるだけのことをカリキュラム・マネジメントとは言わない。

　「単元の核心」は、コンパスに示した教科の本質を、具体的な学習材に即して表現したものである。逆に言うと、なぜその事柄を学ぶのかについて学問的あるいは文化的な価値をもって答えることである。たとえば、小学校算数で「繰り下がりの引き算」の単元であれば、「繰り下がりの引き算を理解する」という表現は、この学習の数学的価値を示していないので、「単元の核心」にはならない。繰り下がりとは何であり、それを学ぶ意義は何なのかを表現する必要がある。様々な表現が考えられるが、たとえば「複数桁の自然数の減法には、桁をまたぐ演算の場合とそうでない場合がある」といったものになるだろう。

一方、「本質的な問い」は、子どもたちが「単元の核心」に迫れるような場を作り出す課題である。それは、具体的に、生徒が気づいたり、発見したりする活動を示し、適切な思考・判断・表現を導くものでなければならない。繰り下がりの引き算の例で言えば、「繰り下がりの引き算について考えよう」は、一見よいように見えて、じっさいには子どもの思考・判断・表現を導くには具体性が弱い。こういう問いを、角度がついていない問いと言う。同じ問いでも「単元の核心」に基づいた角度をつけると、「そのまま引けない引き算って、どうして引けないのかな」と表し直すことができる。こうした角度のある問いによって、子どもたちは思考・判断・表現の渦、すなわち探究に自ずと巻き込まれていく。その意味で、「本質的な問い」は、発展的課題やパフォーマンス課題と呼ばれるものと重なってくる。

　大町一中の「協働の学び」は、「単元の核心」に基づく「本質的な問い」を持っている点で、他の協同的な学習と決定的な違いがある。

3.　学びを支える仕組み

　本書第7、9章に述べられている「思考のすべ」は、大町一中の「協働の学び」を支える重要な仕組みである。「本質的な問い」が思考・判断・表現を生徒に求めるものであるならば、その際にどのように思考したらよいのかという参照枠になるのが「思考のすべ」である。「比較する」「分類する」「関連付ける」という3つのすべは、全教科の全ての時間において、どれか1つ以上が黒板に掲げられ、生徒たちの活動を導いてくれる。そうすることによって、生徒たちは教科を横断する思考の類型についても学ぶことができ、より自覚的な思考の習慣がつく。これもカリキュラム・マネジメントの一環である。

　しかも、「思考のすべ」には具体的な「思考ツール」が例示され、様々な教科で使われている。1時間単位でチャートを用いて「比較する」や「分類する」に取り組む例もあれば、単元を貫くコンセプトマップを用いて、単元内の毎時間に学んだ事柄を「関連付ける」ことに取り組む例もある。これらの活用は、個々の先生、また教科グループで創意工夫が研究されている。

単元の核心
　当該単元において学ばれる事柄が持っている、社会文化的な価値や学問的な価値についての、端的な表現。

本質的な問い
　単元の核心に生徒が気づき、発見し、思考・判断・表現する活動を準備するに適した問いであり、角度がつけられた（焦点を与えながらも解答に幅を持たせる）探究を導くもの。パフォーマンス課題や発展的課題の要素を含む。

思考のすべ
　教科を横断して共通する、思考・判断・表現の類型を示すことで、汎用的な資質・能力の姿を、教師間また教師と生徒で共有し、自覚を促す。その具現化にはチャートやマップ等の具体的なツールを活用する。

❹ 教師の学びのデザイン

　大町一中の学校経営のもう一つの特色は、生徒の学びのデザインのみならず、教師の学びも
デザインされている点にもある。学校を改革することは、授業スタイルを変えることや、組織
運営の仕方を変えることだけを意味するのではない。学校という空間が、教師が学び育つ場に
なってはじめて改革と呼べるのである。研修システムとしてのラーニング・コミュニティ（LC）
のあり方と、ミドルリーダーの位置づけについて、以下に考察する。

1. ラーニング・コミュニティ

　大町一中のめざす学校像として「生徒をとりまく問題を授業で解決する学校」という言明は
重い。日本の中学校には、学習指導、生徒指導、進路指導、様々な指導が存在するかのような
外観があるが、その根本は一つである。生徒が自立／自律した学び手として、自分自身の学び
＝人生の主人公になっていくことである。自分はなぜ学ぶのか、どのような人生を歩みたいの
かを考えられる人になったときに、学習も生活も進路も、全てが生徒の自分事になる。自分
事であるから、教師は生徒と対話的にガイダンスする（共に考え、支える）ことが可能になる、
それが指導である。つまり、授業で解決するとは、学び手を育てるという意味である。ここま
でを前提として、大町一中は、授業をどうするかという課題に協同で取り組んでいる。

　授業研究を第一優先にするというと、多くの学校では不安が出る。あの指導もこの指導もあ
るのに、どうして授業研究の研修にそんな時間がかけられるのかと。しかし、大町一中が示し
た実態は逆である。授業を通して学び手を育てれば、あらゆる指導が効果的になるのである。
ひいては、それが様々な問題を減少させ、結果的に働き方改革にもつながるという、本書第4
章の指摘は示唆深い。

　こうした研究を、さらにやりがいのあるものにするために、大町一中はラーニング・コミュ
ニティ（LC）のスタイルを採用している。通常の校内研究は、同教科で進められることが多い。
しかし大町一中のLCは、逆に多様性を重視する。教科や学年を越えて、しかもなるべく異年
齢の教師が集えるような仕組みに作っている。結果的に、第5章に述べられているように、多
様な集まりだからこそ、教師同士がお互いの授業研究を楽しめるようになっている。正しいも
のを求める研究ではなく、お互いのよさを認め合い、楽しみ合うのがLCの特徴である。

　それがまた、具体的な授業とその観察に生きる。正しさの追求では、手立てがよかったか、
子どもは学習できたか等を検証する授業研究になるので、どこかで誰かが苦しくなる。一部の
優秀な教師だけが活躍する授業研究、多数が疲労するばかりの授業研究など、全国によく見ら
れる姿である。しかし、大町一中のLCでは、「こんなことをやってみたいんだけど、ちょっ
と聞いてくれる？」から始まり、「いいねえ、おもしろいねえ」「こういうのもどうかなあ」と
いった応答が返ってくる研究である。

　だから、お互いの授業を観ることも楽しい。「ああ、こんな生徒の姿が見られるんだ」と驚

いたり、「○○先生、おもしろい工夫するなあ」と感心したり。授業後の研究協議も、全ての教師が、自らの発見を語り、それを共有し合う。正しい指導法を開発するために協議しているのではなく、誰もが自分と同僚の発見から学ぶための協議である。前節の生徒と同じように、教師も自立／自律した学び手に育つ授業研究、それがLCの本質である。

　近年の教師教育の研究では、同僚性という概念が重視されているが、これは誤解を受けやすい概念の一つである。皆が同じことを一斉に取り組むことで同僚性が伸びるというのは、大きな誤解であろうと思う。LCが示しているのは、多様だからこそ同僚を尊敬し、相互に学ぶことができ、結果として同僚のよさを実感できる同僚性である。

2. ミドルリーダーの位置づけ

　先に紹介したように、塩原前校長はビジョンを設定し、戦略を練った。戦略の中心にあったのが、ミドルリーダーの位置づけである。一般の教員の学びはLCによって確保されるが、ミドルリーダーの学びを作るのは、校長の役割である。だから、校長はミドルリーダーと学校改革を共有し、語り合い、任せることでそれを実現する。

　まず、教員の長として教頭がいる。校長の経営ビジョンを「学校の問い」に変えていくのが教頭の役割である。教頭は、教員たちの課題や悩みを最もよく知っている人であり、日常的に相談にのることもあるだろう。教員がビジョンに基づく思考と判断に迷うとき、まず相談する相手は、教頭である。学校の問いとなったビジョンとは、具体的な授業研究や生徒指導、保護者対応などの場面において迫られる判断のことである。この部分を担うことがじつは、教頭が経営ビジョンを自分事として受けとめていくプロセスでもあり、結果的に、将来の校長として経営ビジョン設定について学ぶことになる。

　つぎに、教務主任や研究主任の役割がある。ビジョンに基づき、授業研究を第一優先にする学校経営をするという方針が定まったとして、それを実行に移すのが主任の役割である。そこには無限の選択肢がある中で、どれがビジョンに適うことなのかと考え、他の教員たちはどのようなことを思うのかも考え、実行したらどのような姿が見られるかを考えるのが仕事になる。想像し、考え抜くことが、管理職への第一歩である。校長は、対話しながらそれを見守る。

　以上のように考えるならば、ミドルリーダーの役割は、単に校長の方針を一般教員に伝えるようなものではないことがわかる。校長が掲げたビジョンのもと、ミドルリーダーは具体的な行動によって他の教員たちと改革を協働する中心に位置している。

> **ラーニング・コミュニティ**
> 　多様性のもとで、尊敬と学びに基づいた同僚性を構築し、一人残らず全ての教師が個性を発揮しながら自立／自律した学び手に育つ空間。
>
> **ミドルリーダー**
> 　想像し、考え抜くことで、ビジョンを自分事として受けとめていく学び手であり、改革を創造するエンジンとなる教師。

❺ 大町一中の明日に

　本章の冒頭で、大町一中の改革は「貴重な事例である」とは書いたが、成功した事例であるとは書かなかった。もしそう書いたとしたら、その瞬間に改革は終わってしまうだろう。学校改革は、つねに現在進行形であるし、その時々の姿に失敗も成功もない。

1. 改革のスタート

　学校改革をどこから始めるかというのは、重要な問題である。できるところから始めるというアプローチもあるかもしれない。このアプローチは、一見易しいようでいて、じつは難しい。なぜなら、できるところから、というのは結局のところ改革が手法になってしまう。やるとかやらないとか、できるとかできないというのは、手法だからそういう話になるのである。学校改革の文脈では、手法は選ばれるものから押しつけられるものへと容易に転化する。

　しかし、大町一中はビジョンから始めた。教師が学び手になるためには、このスタートしかないように思う。ビジョンを立て、これについて一緒に考えていきましょうというアプローチであるから、全員が当事者である。否定的なスタンスの人がいてもよい。そのことによって、校長も含め他の人の考えが深められるのだから、かけがえのない参加者の一人である。やる／やらないではなく、ビジョンをどう捉えるのかを考えることで、全ての教師が学び育つ。

　だから、この改革にゴールはなく、つねにいま考え中の改革である。どのような改革であれ問題や困難はつきものである。それに対して「どうしようか」と考え合えばよいのが、ビジョンに基づく改革のよさである。

2. 改革の持続可能性

　ビジョンに基づく学校改革にこうしたよさがあっても、その継続はやはり難しい。「継続しよう」と思ったときから、ビジョンが所与のものとして精神的な態度表明の文言に棚上げされたり、実践者を評価するチェック項目になったりした例は数多くある。山﨑現校長がビジョンを「対話する学校」に更新したのは、そうした形骸化を防ぎながら、その先を見据えてのことであろう。一方、思慮深く設計されたLCであっても、同僚への敬意を失い、学ぶことの愉しさを忘れてしまえばただの会合である。それほど改革の継続とは難しいものだと思う。学校改革の持続可能性について、「相互の尊厳」と「多様性の愉しみ」の2点から考えたい。

　第一に、学校改革は相互の尊厳なくして成り立たない。相互の尊厳など、人間社会であれば当然のことのように思うが、それでもこの重要性を指摘しておかねばならないところに、学校という空間の難しさがある。学校が、人が学び育つ場である限りにおいては、これは問題にならない。しかし、人を育てる場＞人を教える場＞人を変える場＞人をこちらに都合のよいように変えてしまう場……と、簡単にすり替わるのもまた学校である。相手を、こちらの変えたいように変えられると思ったときに、相互の尊厳は消え去っている。

大町一中の「協働の学び」であれ、あるいはその他の「学び合い」や「主体性の学び」であれ、子どもたちが十全に学び育つために始めた改革である。にも関わらず、改革が進むにつれて、気がつくと、「協働させなきゃ」「主体性を身につけさせねば」と、子どもが操作対象の位置に追いやられている。子どもの成長を見守るためには、子どもの尊厳に敬意を払い、私たち自身を省みることが必要である。協働できないとしたら、何がその子をしてそうさせているのか、どこまで私たちは見取ることができるだろうか。いやそもそも、ほんとうにその子は協働していないのかどうか、私たちが気づいていないだけではないのか。子どもを変えるのではなく、私たちが変わるのである。

　相互の尊厳はまた、教師間でも同様である。「あの人は本校の改革理念に沿った授業ができる人／できない人」と見ていないだろうか。本校の改革のためにその教師がいるのではなく、一人残らずの教師が学び育つために本校の改革がある。もしその教師が悩んでいるならば、変わるべきは改革を進めようとする側であって、悩んでいる本人ではない。教師もまた、誰一人として操作対象ではない。

　第二に、ビジョンに基づく改革は、全ての人（子どもたちや保護者、地域の人々も含めて）が担い手であり、多様性の愉しみがある。共有されたビジョンのもとでどのような実践を編んでいくのか、その人なりの挑戦のスタイルがあるだろう、その人なりの学び方があるだろう、その人なりの参加アプローチがあるだろう。これら全ての多様性を、相互の尊厳のもとで守っていくことが、改革を続ける鍵になる。

　特に教師間にあっては、多様性が重要である。前段で見たように、できる人／できない人と分けた瞬間に、改革は終わる。大町一中のLCが明らかにしたように、教師は多様だから学び合えるのであって、全員が同じことをしようとするときには学びが生じない。違う発想、違う工夫、「へぇー、それ面白いですね」と言い合える関係性が、改革の基礎となる。

> **相互の尊厳**
> 　改革の参加者の誰一人として、変えられる対象にはならない。誰もが学び、育ち、変わっていける人として尊厳を認められ、また認め合うために学校の改革がある。
> **多様性の愉しみ**
> 　人は、お互いに違うからこそ学び合うことができる。知らなかった仲間の姿を発見することが私の学びであり、改革を続けたい気持ちの源泉である。

　改革の参加者が相互に尊厳を保ちながら多様性を愉しむこと、それがともに学び続けることの本質であり、改革を持続することの意味である。

（村瀬　公胤）

第2章　次代の学校づくりへの提言

❶ プロローグ

1. 出口が見えない学校の課題

　いじめや不登校児童生徒の数が、いっこうに減らない。人間関係の摩擦により、活動をストップさせてしまう子どもが小学校、中学校問わず増えており、特に中学校においては不登校生への対応には苦慮している状況にある。また、「授業がおもしろくない。わからないことがあってもわからないと言えない。暇なので、他のことを考えている。」このような子どもが増えている。これでは、子どものストレスがたまるばかりである。

　子どもを取り巻く問題は複雑さを増しており、その中で子どもたちは、多くの悩みを抱えている。子どもの悩みを解決するために何かよい手立てはないのだろうか。

2. 学校の日常を変える新学習指導要領

　現在、学校現場では新教育課程に向けた実践が始まっている。「社会に開かれた教育課程」「主体的・対話的で深い学び」「カリキュラム・マネジメント」などの言葉が各学校の教育課程編成の視点に並び、今や学校は「資質・能力を育成する教育」へとその姿を変えつつある。

　では、学校がどのように変われば新教育課程は実現されたと言えるだろうか。それは、「学校の日常が変わること」に他ならない。教育課程をもとに授業が主体的・対話的で深くなり、事務職員などを含めた教職員や外部の専門家などが学校づくりに参画し、教師が教科や校種を超えて学び合う。そうした環境やシステムを通して、子どもが育成したい資質・能力を獲得し人間として成長していく。そんな日常的な学校の姿が求められているのである。

　筆者は、このように「学校の日常が変わること」が、いじめ、不登校問題の解決の糸口となり、ひいては学力の向上につながるのではないかと考えている。校長の経営ビジョンに基づく教育の質的転換、研修システムの充実がもたらす教師の子ども観の質的向上、つまり教師の教育観の更新が、学校が抱える多くの問題を解決へと導くと考えているのである。新学習指導要領には、これらの実現に向けた多くのヒントが隠されている。

❷ 子どもが教えてくれる学校（教師）が目指すべき方向

　新教育課程と学校（教師）はどう向き合っていけばよいのだろうか。その答えを出すには次期学習指導要領をしっかり読み解くしかないが、時には学校で生活する子どもがその方向を教えてくれることもある。

1. E生の自由作文から見えてくるもの

　筆者が大町一中の前に校長を務めた美麻小中学校で出会った8年生（中学2年生）のE生の手記を紹介する。彼女は転校生で、前の学校では不安定な学校生活を送っていた生徒である。転校して4ヶ月が経った夏休みの課題作文で次のように当時の心境を語っている。

　　転校して美麻小中学校に来て驚いたことがあります。私の入ったクラスは特にそうなのですが、皆とても仲が良いのです。クラス内で仲の良い子はだいたいグループをつくるものだと今まで思っていたけれど、男女関係なく、本当にクラス全員が仲が良くて、もちろんいじめもありませんでした。どうしてこうも違うのか、少し戸惑うこともありました。……

　　美麻小中学校の授業の進め方は、少し違います。授業のはじめにその日のゴールを決め、班ごとになって皆で話し合いながら、一人一人が班の中で、自分の意見を言い合い、追究していきます。私は、この授業のやり方にまだ慣れませんが、黒板を写し、先生の話を聞きながらノートをとるだけの授業よりも、ずっと良いと思います。皆で協力して考え、答えを導き出すことで、友だち同士の距離が知らず知らず近くなっていく。体育の授業などでも、お互いにアドバイスしあったり、同じ目標に向けて一緒に頑張ることのできる友だちがいたりと、どんどんクラスの中での仲も良くなっていって、とても良い方法だな、と思いました。

　　私も転校してきたばかりの時は、とても緊張しました。私は人見知りな部分があるので、知らない人ばかりのところでは、あまり自分から話しかけることができません。でも、この学校では、クラスの友だちも、私のことを快く受け入れてくれて、すぐになじむことができました。……

　　人は多分、いじめをする時、自分一人では不安だから集団で一人のことを傷つけて、安心しようとするのだと思います。だからいじめは、皆がお互いのことを信用していて、お互い認め合っていれば起こらないと思います。美麻小中学校では、きっとみんながそれをできていて、誰か一人を傷つけなくても、安心して過ごすことができる場所なのだと思います。

　美麻小中学校は「個の生き方、考え方が尊重される学校」を経営理念とする義務教育学校である。そこでは、授業を根幹とする学校づくりを進めており、「義務教育9年間を協働の学びでつなぐ」ことをカリキュラムづくりの原理としている。E生は、美麻小中学校の授業に参加したことにより、協働の学びにおける対話が円滑な人間関係を構築していることに気付き、そのような美麻小中学校では「人を傷つけなくても安心して過ごすことができる」と結論づけている。美麻小中学校では授業によって共生文化が拓かれ、児童生徒は、その中で安心して自分を出しているのである。因みに美麻小中学校では「協働の学び」を次のように規定して実践している。

美麻小中学校の「協働の学び」

　「聴く、問う」からはじまる対話活動を基盤として、課題について互恵的に語り合うこと

2. Ｓ生が教えてくれたこと

(1) 学校が苦しかった時代

　廊下を自転車が走る。三階から牛乳瓶が降ってくる。レインボーに染まった髪の毛。昭和末期から平成初期にかけて中学校でよく見かけた光景である。中学校が学校として機能せず苦しい時代であった。本書で紹介される第一中学校もそのような学校の一つであり、生徒指導困難校として県下にその名を轟かせていた。

　当時の中学校では、最前線で荒れた中学生に対応し、学校に安全、安心と安定をもたらすことを期待された教師たちがいた。筆者もその一人であった。

(2) 知らないうちに自分を見失う

　たばこを吸った生徒がいれば、その行為を戒める。髪の毛に色を入れた生徒が登校すれば、知り合いの美容室に連れて行き黒毛に戻す。生徒が先生に手を挙げたときには、間に割って入りその場を鎮める。毎日、このようなことを繰り返しているうちに、自分には不思議な力があるかの如く自分を見失っている筆者がいた。

(3) ある朝の出来事

　月曜日の一時間目の授業で起きたことである。チャイムが鳴り、生徒たちは私の前に集合した。挨拶が終わり、私が学習内容を説明し始めたときであった。話を聞いている生徒の中にうつむいているＳ生がいた。Ｓ生はやんちゃな男子生徒。学習に集中できないその態度には日頃から気になっていた。いい気になっている私は、その態度を戒めるためにＳ生を研究室に呼んだ。そして、うつむいていたことを厳しく問い詰めた。Ｓ生は「朝からお腹が痛くて」と答えた。

(4) Ｓ生が教えてくれたこと

　「それは申し訳なかった。そんなこととも知らず叱って申し訳なかった。」私は即座に謝った。恥ずかしい話ではあるが、そこには、めずらしく生徒に対して謙虚になっている私がいた。ところが、Ｓ生の様子がおかしいのだ。複雑な表情をしているのである。「先生実は……」と話し始めたＳ生をさえぎるように、私はもう一度謝り、Ｓ生を授業に戻した。

　数日後の授業では、グループの先頭に立って学ぶＳ生の姿があった。やんちゃな姿は影をひそめ、集中して課題を追究するＳ生がいた。大きな変化である。

　「なるほど、そうか！」と思った。

(5) 真心を込めて言葉をかける

　反社会的な行為を繰り返す生徒。それを厳しく指導していた筆者。それだけでは、何も解決しないことをＳ生が教えてくれた。「生徒の心の叫びに耳を傾け、その状況を聴し、真心を込めて言葉をかけること」が、生徒指導の本道であることを知った。「傾聴」と「愛語」の重要性に気付かせてくれたＳ生に感謝している。

　学校生活は、子どもと教師で成り立っている。子どもにとって教師は絶対的な環境であるに違いない。そのような教師が授業において「傾聴」、「愛語」を基本とする指導と評価を行ったら、子どもたちはどのように成長していくのだろうか。

❸ 次代の学校づくりに向けて

1. 学校づくりの中心に「協働の学びを軸とした授業」を据える

　先に紹介した美麻小中学校では、授業を根幹とした学校づくりを進めており、そこでは「協働の学びを軸とした授業」が展開されている。筆者は、この考えに基づき、美麻小中学校と第一中学校で学校づくりを行ったが、両校の授業参観を通して「協働の学び」には図１にまとめたような効力があることがわかった。

（図１）協働の学びがもたらすもの

授業への参加意欲が高まる

　一生懸命考えたことを自分では上手に説明できない子どもにとって、説明できる友達はその子どもの代弁者となる。「自分が言いたかったことはそういうことだったのか」と気づかせてくれた友達は、その子どもにとってかけがえのない存在となっていく。

　このような学び合いでの出来事が「そういう『あなた』と一緒に学びたい」という子どもの学習意欲へとつながる。

救い上げが実現する

　「わからない」や「どういうこと」等の友達の呟きを聞き逃さない子どもが育つ。

達成感を味わい、自己有用感が高まる

　「私が知っていることを『あなた』に伝えたい。そして『あなた』にも分かってほしい。」という関係による学び合いが日常的に行われることにより、限られた時間の中で効率よく知識が身に付いていく。

　このような関係の中で子どもは達成感を味わい、自己有用感を高めていく。

自己との対話が深い学びへと導く

　語り合いの中でうなずいたり、指摘したりする子どもの姿が実現する。このような学び合いにより、聴き手の反応を手掛かりに、自己の認知過程や思考内容を吟味し修正する深い学びが導かれる。

対象への深い理解が実現する

　比較して違いに気付いたり、既習の知識と関連付けて類推したりしたことを語り合いながら課題を追究する。結果として対象を深く理解する。こんな学び合いが日常的に行われるようになる。

　この図を上段が習得型の学習場面、下段が活用、探究型の学習場面と見れば、協働の学びにより習得・活用・探究のプロセスの充実が図られていることがご理解いただけると思う。習得の過程である上段では、協働の学びへの参加により学習意欲と自己有用感が高まり、生徒はその中で効率よく知識を身に付けることができる。また、理解の遅い生徒にとって、協働の学びによって生徒間に構築される「救い上げ」の関係は、授業をドロップアウトしないで済むことにつながっている。協働の学びは学習指導と生徒指導の一体化を図ることにも有効である。

　また、習得型の授業における協働の学びによって生徒間に構築された対話を基盤とする関係

は、活用型、探究型の学習でメタ認知的活動を伴う深い学びの創造に活かされ、思考力・判断力・表現力を高め、結果として深い理解へとつながる。だから、協働の学びを軸とした授業を実践している二校の生徒が昨年度までの全国学力学習状況調査においてB問題に強かった。

全国学力学習状況調査でもう一つ見落としてはならないものは、質問紙調査の自己肯定感と自己有用感に係る質問への回答結果である。両校ともに「当てはまる」と明確に答えた生徒は全体の約4割を占めている。

以上のことから、これからの学校づくり、つまり新教育課程の編成と実践の中心に「協働の学びを軸とした授業」を据えて、教育の質的転換、授業の質的改善を図ることをお勧めしたい。

2. 校長の経営ビジョンにより教職員を一つに束ねる

学校の教師集団は異なる意図や目的を持った人で成り立つ組織である。コミュニケーションを通じて共通の目的で合意するという協働の意思を持ったシステムであり、ひとつの統合体である。このように、人の協働システムとしてマネジメントをとらえるのが校長のマネジメントの特徴と言える。学校では、コミュニケーションの良し悪しが、教職員のまとまりや個々の教職員のやる気に大きな影響を与え、ひいては子どもにつく力を決定づけるものとなる。

本書で紹介する大町第一中学校の学校づくり・授業づくりは、職員間のコミュニケーションの充実を図ることを意図とする校長の経営ビジョンによって統制が図られている。参考に筆者がビジョンづくりにおいて配慮した点を紹介しておく。

(1) 経営ビジョンを物語風に表した

・経営ビジョンを読んだ教職員が「自分はどこを向いて何をすればよいのかが分かる」ように平易な言葉で端的に表現することを心がけた。

・経営ビジョンによって下記のように目標の構造化を図った。特に、経営理念とめざす教師像との関係により学校教育目標が実現することを物語で強調した。

(経営理念)	「聴く学校」

↓

(めざす教師像)	「教師は生徒の存在を丸ごと受け入れ生徒の心の叫びや声に耳を傾けけなければならない」

↓

(めざす学校像)	「生徒をとりまく問題を授業で解決する学校」

(2) 経営の概要をデザイン化し、その中で「学校づくりのねらい」を設定した

・平成28年度の「学校づくりのねらい」

「聴く学校」を合言葉とする学校づくりと、協働の学びを軸とした授業実践を通して（過程目標）、論理的思考力を高め（能力目標）、自立した学び手を育成する（態度目標）

・学校づくりのプロセスを三つの目標で表した。このことにより、「聴く学校の教師は、生徒の存在を無視するような講義型の授業は行わない」という意識の醸成を図ろうとした。

❹ 次代の教育を担う先生方へ

　筆者の教員としての経験を踏まえ、次代の学校づくりについて提案してきた。最後に、このような考えに基づいて学校づくりが進む大町第一中学校で実現している教科等横断的なカリキュラム・マネジメントについて紹介する。教科等横断的なカリキュラム・マネジメントは、資質・能力を育成する学校づくりにおいて必要不可欠であり、「教師の協働」なくして実現しない営みである。次代の教育を担う先生方には、ぜひ前述の提案とつなげて読んでいただきたい内容である。

1.　教科横断的なカリキュラム編成
　論理的な思考力を育成するときの学習の基盤となる言語能力、問題発見・解決能力を育成することができるように教科横断的なカリキュラムを編成している。
　①現代的な諸課題に対応して求められる資質・能力は、一つの教科等をもって単独で迫れるものではなく、教育課程を構成する全ての教科等の連携と横断をもって育成するという意識が職員の中に醸成されている。
　②学習の基盤となる資質・能力を育成するための学習方法の共通化を図っている。
　　　　　↓
　・一時間の学習スタイル（協働の学びを軸とした授業）を揃える（**言語能力**）
　・学び方を揃える（**言語能力、課題発見・解決能力**）
　・単元の展開・構成を統一する（**課題発見・解決能力**）
　・使用する「思考のすべ」や「思考ツール」を統一する（**課題発見・解決能力、情報活用能力**）

2.　マネジメントの鍵としての総合的な学習の時間
　総合的な学習の時間を教科等横断的なカリキュラム・マネジメントの鍵としている。
　①総合的な学習の目標を、学校の教育目標を踏まえて設定している。
　　　　　↓
　学校がねらう論理的思考力を発達に合わせて学年ごとに目標化している。
　②課題を探究する活動を通して、各教科等で育成する思考力・判断力・表現力を相互に関連付け、実生活・実社会の中で活用できるものにすることを重視している。
　　　　　↓
　総合的な学習の時間の指導では教科等の目標を関連させる指導を心がけている。

3.　特別活動の位置づけ
　特別活動をキャリア教育の要としている。
　①自己肯定感と自己有用感を高め、自らの可能性を切り拓いていくことを目指す「キャリ

ア・パスポート」を活用しはじめている。

②メタ認知的活動を図るために、「キャリア・パスポート」の内容を、以下の４点で構成している。

・目標を設定すること
・自己の姿を客観的に評価すること
・努力の仕方を工夫すること
・自分をほめたり、励ましたりすること

（塩原　雅由）

経営ビジョン

❶ 経営理念：対話する学校～「聴く」そして「伝える」～

　平成30年度より「対話する学校」を経営理念に据えました。それは、平成27年度から本校が取り組んできた「聴く学校」の意志を引き継ぎ、さらに発展させていく覚悟を示したものです。「聴く」という行為には、話しことばを介して自分と相手をつなげようという目的と意図があります。「聴く」姿勢こそ、生徒理解・生徒指導の原点です。自己決定を促すカウンセリングにおいても「傾聴」は有効な手立てとされています。

　4年間、めざす学校像として、「生徒をとりまく問題を授業で解決する学校」を、めざす教師像として「生徒の存在を丸ごと受け入れ、生徒の声や心の叫びに耳を傾ける教師」を掲げてきました。その結果、生徒の思いを受け止める本校の基盤が位置付くとともに、授業づくりを核とする学校づくりが生徒、教師だけでなく、保護者・地域の方々にも理解していただけるようになりました。そして、生徒に学ぶ意欲と考える力が培われつつあると共に、親和的で協力的な人間関係が育ってきていることは大きな成果だと言えます。

　本年度、めざす学校像を踏襲するとともに、経営理念に照らしてめざす教師像を以下のようにします。

> **〈めざす教師像〉生徒の声や心の叫びに耳を傾け、対話を重ねる教師**
>
> 「聴く」ことが全ての基盤にあることを忘れることなく、引き続き「対話する学校」を経営理念として据えます。双方向的なコミュニケーションである「対話」を通じ、相手理解・自己理解がさらに一層深まるものと信じています。

❷ めざす学校像：生徒をとりまく問題を授業で解決する学校

　私たちは、授業を中心に据えた学校づくりを進めています。なぜならば、学校で最も長い時間生徒が向き合うのは、授業だからです。生徒にとって、授業は、仲間や先生と共に新たな世界と出会い、他者と対話する時間であり、新たな自分の可能性を見出し、自己を形づくる学びの時間です。したがって、教師にとっては、生徒を教育目標「自立した学び手となる」へと導くため、生徒が学ぶに値する授業を提供する使命があります。

　生徒の学びは、連続的に広がっていきます。生徒は、自分の問いを追究すると、その問いによって、更なる問いを生み出し、ものごとの奥行にふれていきます。それは、ものごととの対話、自己との対話、友だちとの対話を繰り返しながら、ものごとをとらえ直し、自らを高みへ

と導いていく営みです。学ぶということは、人間がよりよく生きるために欠かせないものです。

　現在、生徒は様々な問題と直面しています。それは、学力、いじめ・不登校、部活動や学級等で起きる人間関係のトラブルなどをはじめ、未来の社会や世界が抱えている様々な問題を含んでいます。本校では、生徒をとりまく問題を授業で解決する、あるいは解決をめざす学校づくりを進めていきます。それは、生徒が自らの未来を見つめ、考えていくことに他なりません。そこでは、学習指導と生徒指導を一体としてとらえる「協働の学び」を軸とした授業を全教科、領域で展開し、一斉授業を最小限に止め、対話を基盤として少人数で課題について互恵的に語り合う授業を日常的に行っていきます。そして「協働の学び」においては、昨年度に引き続き、「本質的な問いをすること」を教育課題とし、全職員で取り組んでいきます。

　学校における働き方改革が叫ばれる中、改革の真の目的は質の高い授業づくりであることを見失ってはなりません。生徒が学びやすい学校こそが、教師にとっても働きやすく、やりがいのある学校になることを肝に銘じ、学校づくりを推進していきます。

（山﨑　晃）

グランド・デザイン（2019年度）

［経営目標］
自立した学び手となる

［経営の理念］
対話する学校（「聴く」そして「伝える」）

めざす学校像：生徒をとりまく問題を授業で解決する学校
めざす教師像：生徒のことばや心の叫びに耳を傾け、対話を重ねる教師

［経営の概要］

学校づくりのねらい

「対話する学校」を合言葉とする学校づくりと，協働の学びを軸とした授業実践を通して，論理的思考力を高め，自立した学び手を育成する
（協働の学びとは，「聴く，問う」からはじまる対話活動を基盤として，課題について少人数で互恵的に語り合うこと）

〈協働の学びを軸とした授業における三つの学び方〉
わからないと言うこと　友だちの声に耳を傾けること　自分のわからなさを追究すること

〈めざす生徒像〉
・筋道立てて考え，気づいたことを正確に伝える生徒
・三つの学び方で学ぶ生徒
・礼儀（あいさつ）と勤労（そうじ）を尊重する生徒

教育課題と重点

教育課題
本質的な問いをすること

○重点1・学びづくり
思考の3つの「すべ」（比較する・関連付ける・分類する）を教科横断的に活用し，対話を活性化する。

○重点2・集団づくり
生活上の諸問題や本質的な問いの解決に向けた対話活動を通して，生徒間に自他を尊重する人間関係を構築する。

教育システム

○自立した学び手が育つ学習システム
＊全国学力・学習状況調査やNINO，NRT等を分析・評価し，指導に生かす。
＊キャリア発達を促すカリキュラムづくりに努める。
○地域との協働システム（CS：コミュニティスクール）
＊学校運営委員会のさらなる充実を図る。学校，家庭，地域の総意で学校づくりを進めていく。
○職員の研修システム
＊ラーニング・コミュニティ（LC）により職員のキャリアアップを図る。
研修内容は，授業クリニック，専門研修，マネジメント研修とする。

第4章 働き方改革と学び合う職員

❶ 本校での働き方改革

1. 大町市との連携

　本校の働き方改革の推進は、大町市教育委員会との連携の上に成り立っている。「平成29年度学校現場における業務改善加速のための実践研究事業」を文科省より長野県教育委員会が委託を受け、大町市教育委員会がモデル市町村として指定を受けた。大町市教育委員会（行政）と学校（現場）が相まって取組が進んできている。すべてを行政に任せるのではなく、また現場に投げただけの形ではなく、行政としてできること（行政でないとできないこと）を実行するとともに、現場でも実態に合わせた教員の働き方に関わる意識改革、学校運営を行っていくことが大切と考える。下表のような役割で、行政はハード面の整備を、学校は中身の部分、いわゆるソフト面でこの改革を進めているイメージである。

市教委	学校
・タイムカード導入による勤務時間の把握	・勤務時間の目標値の設定（全体・個人）
・留守番電話による時間外・休日の対応	・完全退勤日の設定（月2回程度）
・長期休業中等の完全閉庁日の設定	・タイムマネジメント研修の実施
・給食費の公会計化	・机上整理ウィークの実施（月1回）
・部活動のクラブ化、地域総合スポーツクラブ化	・会議システムの変更
・業務の洗い出し・仕分け（市役所内関係課内）	・日課の工夫（生徒会、テスト採点）
・教職員業務に対するサポート体制の構築 　（学校業務サポーターやICT支援員の配置）	・少子化に向けた対応（地区生徒会、委員会等） ・コミュニティスクールとの連携

　さらに平成30年度末より大町市小中学校全校で、統合型校務支援システムを導入した。生徒情報や成績管理、出席簿、通知票、指導要録等を一元管理し、また校内掲示板による情報共有や市教委や他校との連絡等が効率的に行うことができるようになった。これは長野県内の共同調達・共同運用に向けた先行導入で、今後県内の校務の統一化に向け各校でも導入が進むと思われる。

　学校だけで働き方改革を進めていくことには限界がある。行政の様々なバックアップのもと、学校の実情に応じた改革を進めていくことが大切である。

２．学校内で進める働き方・意識改革

本校の働き方改革は次の３点に重点をおいて行っている。

> (1) 時間に関する意識　(2) タイムマネジメント、優先順位　(3) 働く環境整備

(1) 時間に関する意識

名札型のタイムカードの導入により、今までは数値的に分からなかった時間外勤務時間が明確になり、文科省目安の月45時間、長時間労働（過労死ライン）の目安である月80時間や前月比（前年比）との比較が容易になった。今まで意識しなかった「時間の見える化」である。時間外勤務時間が多い場合には、個人や学校の働き方、取り組み方やシステムを改善する必要がある。

名札がタイムカード（時間の見える化へ）

(2) タイムマネジメント、優先順位

タイムマネジメントを意識して行う上で、To Do リストなどでタスク管理のほか、優先順位を意識したタスク処理、「長時間＝良い仕事ではない」、ブラッシュアップを取り入れた仕事の完成などについて、共通理解をはかった。（だらだらと仕事を長引かせない。20分でも終わる仕事を、情熱をこめて１時間以上かけても教育的効果が倍増するとは限らない）民間企業では当たり前にお考えられているスキルも取り入れた。

完全に帰ることができる日を設定

（1）（2）に関わって、「本当の完全退勤日」を月に２回程度設定している。教員は定時退勤が難しいため、月の予定から完全に退勤できる日時で設定している。早く帰ることだけが目的ではなく、完全退勤日に向けた業務の計画性や効率化のスキルを身につけていくことも重要な目的としている。

☆タイムマネジメントのポイント

① To Do リストの作成 … 「すぐにメモ」「帰る前に明日のタスクを書き出す」

② 重要な仕事は午前中に片付ける … 「めざせ朝型人間」
人は寝ている時に大脳の中でその日の情報を整理。朝は頭が一番すっきりしている時間。思考の視野が広がり、発想力や思考力が最も高まっている時間帯です。

③ 5 分で出来ることはすぐにやる … 「タスクをためない」
すぐに終わるようなことはその場で終わらせる。すぐに終わることを先延ばしにすると、どんどんタスクが増えてしまう。

④ 仕事（タスク）の終了時間、帰宅時間を決めてからとりかかる
… 「時間は限りがある」
長時間＝良い仕事　とは限らない。ライフワークバランスを保つためにも。

重要度・緊急性のマトリクス		
	緊急ではない	緊急
重要	B－タスク 緊急でないが重要	A－タスク 緊急で重要
重要ではない		C－タスク 緊急だが重要でない

職員研修の資料より

(3) 働く環境整備

本校では毎月月末には「机上整理ウィーク」を設定して、「職員室の机上を滑走路のようにしよう！」と取り組んでいる。机上や机の中が整理されていないと、探し物に多くの時間を費やしてしまう。また机上のワークスペースが少なくなり仕事の効率が下がる。ワークスペースを増やすだけでなく、整理整頓の術、ファイリングやボックス管理などのスキルを一人一人が見直すきっかけ、そして習慣化へとつなげたいと考える。

机上整理完了
（毎日の習慣化へ）

3. 校内システムの改変

様々な業務の中から、時間を生み出す環境づくりの取組として次のようなことを行っている。

(1) 会議システム、会議の精選

会議システムとして、行事等の企画案については教務会（校長、教頭、教務主任、学年主任、生徒指導主事、養護教諭、事務主任が参加）で審議し、各学年会で伝達もしくは再審議して、教務主任が取りまとめる。職員会議では決定事項として係より1～2分程度で連絡として伝達を行う。

職員会議は月に1回とし、学校長からの指示・伝達、生徒指導面や連絡事項を主として全職員で共通理解する内容を扱う。審議するような内容は行わない。職員会議としては30～40分程度とし、残りの時間は職員研修（学力向上研修や非違行為防止研修等）を行っている。

研究授業等に関わる指導案審議や授業研究会は行わない。（LCによる少人数での懇談会を行う）

(2) テスト日課の工夫

5教科のテストは通常1日で実施することが多いが、本校ではあえて2日間に分けて行い両日ともに4時間日課としている。1日目は14時30分に完全下校となり、その後教員は教科会、テストの採点を行う。2日目も一般下校14時30分で生徒は16時30分まで部活動はあるが、テストの採点の無い職員が巡視等で対応をしている。勤務時間内に少しでも採点時間が確保できるため、職員からも好評である。生徒にとっても2日間に分けることのメリットもあると思われる。（3年の総合テストの場合は、1日で実施）

3つの重点を中心に校内システムの改変など他にも改革を進めているが、新たな時代の流れや学校の現状、職員集団等をみながら変化させていくことも必要と思われる。

4. 何のため、誰のための働き方改革か

(1) ワーク・ライフ・バランス

　学校内で進めている働き方改革によって、限りある時間を有効に使い早く仕事を終えることができ、自分のスキル・アップにつながる。そして、早く帰ったその先にあるものにより、自身のワーク・ライフ・バランスが保てるようになる。その先にあるものは、家族と過ごしたり趣味に費やす時間であったり、休息のための十分な睡眠であったりする。この時間がないことにはバランスは保てない。2019年のテレビドラマ「わたし、定時で帰ります。」のシナリオの中にはこんな言葉がある。

> 『会社だけの人間になるな　人生を楽しめ　色んな人と会え　世界を広げろ
> そういう積み重ねが　いい仕事を作る』

　主人公の勤務する会社の社長が新人研修で語った言葉である。主人公はこの言葉に働く本当の意義を感じとった。仕事（学校）だけ人間になったり狭い世界の人間になったりすれば、いい仕事にはつながらないと思う。

(2) 「働き方改革」と「質の高い授業」との関係

　働き方改革で生み出された時間や心のゆとりは、自分のものでもあり、また今後の仕事に活かされるものである。教師である以上、授業づくりには特に活かさなくてはなりません。学校の教育目標実現のために、授業を構想し、準備し生徒の学びにつなげていく「授業改革」を行うことにより、「質の高い授業」を目指す。一方で「授業改革」することは、「働き方改革」につながっているともいえる。本校のグランドデザインのめざす学校像に「生徒を取り巻く問題を授業で解決する学校」がある。「協働の学びを軸とした授業」やめざす生徒像の「友達の声に耳を傾ける」などを進めることにより、分

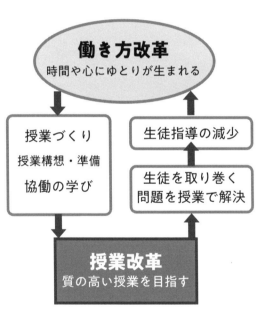

からないと言える生徒同士、生徒と教師の関係が生まれ、学びへのつまずきがなくなる。それとともに問題行動が減少する。生徒指導に費やす時間や精神的負担も減少し、時間や心にゆとりが生まれる。

　「働き方改革」と「質の高い授業」は表裏一体の関係にあり、相乗効果を生み出すことが期待できる。生徒にとって学びやすい学校は、教師にとっても働きやすくやりがいのある学校でもあり、この関係もまた同様に感じる。

しかし、保護者や地域から学校における働き方改革へは、「先生が楽になるの？」「働き方改革で生徒に向き合う時間が増え、学力が向上するのか？」など厳しい意見があるのも事実である。保護者、・地域へは、改革の内容の丁寧な説明を市教委と学校が連携し行うとともに、「生み出された時間とゆとり」からの効果及び結果を伝えていく必要がある。

❷ 学び合う職員

1.「同じ方向を向いている」

　授業づくりや働き方改革などに関して、県内外からの視察や外部での発表で質問される内容で共通したものがある。「先生方は同一歩調でやってくれるのですか？」「反対する人はいないのですか？」というものである。それに対してこう答えます。「職員は皆同じ方向を向いて取り組んでいます」。どうして同じ方向を向くことができるのか。

（1）先生方にとっても分かりやすく、実践しやすい学びを目指して

　本校の授業づくりの道しるべとなるものは、毎年作成される「自立した学び手を育成する　ガイドライン」である。この「ガイドライン」に学校全体の方向性及び各教科の教科コンパス（生徒向けの羅針盤）、教科シラバスが示されている。しかし新しく赴任する先生方は、事前に昨年度の「ガイドライン」を手にするとはいえ、大きな不安を抱えて4月を迎えているはずである。（事前に配布されるのでなおさら不安になるかもしれないが）4月の年度当初、入学式までの3日間は職員にとって"授業づくりの黄金の3日間"となっている。本来であれば、学校運営要綱に従って職員会議で多くの時間

を費やすところだが、研究主任による学力向上研修やLC（第5章）、教科会など授業づくりに関わる時間を多く確保している。新しく赴任した先生も、複数年在籍している先生もここで本校の授業づくりを確認する。そして1学期の学力向上のテーマは「Do First（まずやってみる）」である。とにかくやってみて、課題を見つけ生かしていく。それを支える異教科、異年齢で構成されたLCの先生方。ハードルは低いので臆することもなくチャレンジできる。

（2）LCを中心とした授業研究

LC 懇談会

　LCでは各自が年2回ほど授業を公開し、互いに見合っているが、授業のポイントが整理された授業デザイン（A4サイズ1枚）を用意する程度。授業後は放課後等に短時間（30分程度）懇談会を行う。懇談会では、教師のパフォーマンスを評価するのではなく、子どもたちの対話の様子を中心に話し合いがなされ、今後の指導に行かせるものとしている。4～5人の懇談は堅苦しくない雰囲気でリーダー

を中心に進められる。同教科ではない先生の意見が参考になることも多々あるように感じる。

(3) ミドルリーダーの活躍

　本校の授業づくりや運営を大きく支えているのは、研究主任、教科主任、LC班長等のミドルリーダーである。個々に与えられたポジションに対して、各業務の専門性を発揮している。例えば研究主任は、職員向けに「学力向上通信」を発行し、授業づくりや教科運営についての啓発と意識の共通化を図っている。

　「同じ方向を向いている」ことができる理由は他にもあると思うが、「協働の学びを軸にした授業」の有効性を先生方が感じていることも理由であると考える。

2.　働きやすい職員室、学校へ

　教頭として、働きやすい職員室、学校へどうマネジメントするか。ポイントは「先生方の声に耳を傾けること」「先生方と対話すること」だと思う。本校のグランドデザインにある目指す教師像には「生徒のことばや心の叫びに耳を傾け、対話を重ねる教師」とあるが、教頭としては先生方への傾聴や対話が大切であると実感している。

　先生方とは年に2回ほど、校長面談の前に教頭との面談の時間をとっている。堅苦しくないような雰囲気で、意見や要望、学校力向上のためのアイディアを聴いている。（面談というよりは懇談である。）ここでの話が今後の運営のヒントになることが多くある。先生方の基本的な居場所は職員室であるため、職員室は情報集約、情報発信の場となっている。スピーディかつ様々な連携がとりやすい。

　先生方にとって職員室は教室（ホームルーム）。教頭が担任のような存在となり、先生方が相談しやすく働きやすい環境を今後も整えていきたい。教師にとっても働きやすくやりがいのある学校を目指せば、生徒にとって学びやすい学校につながっていくはずである。

（林　健司）

参考文献
・「働き方改革通信『わたしたちの働きかた2018』」長野県教育委員会、2018年11月号
・朱野 帰子（著）「わたし、定時で帰ります。」新潮社、2019年

第5章 授業力を高める職員研修

❶ 職員研修LC（ラーニング・コミュニティ）

　本校の教育活動のすべては「学校教育目標・自立した学び手となる」の実現にあります。そのためには、まず、教師が変わる必要があります。教師が変われば、学校が変わり、生徒が変わります。それは、教師力が高まれば、学校力が高まり、その中で学校教育目標が実現するということです。学校教育目標は、カリキュラムの展開、つまり授業を通して実現します。

　そこで重要になるのが、職員の研修システムです。働き方改革が叫ばれている昨今ですが、私たちは、日々多くの業務を抱えながら授業づくりを行っています。その中で授業力を磨いていかなければなりません。「長期の休みを使って研修をしよう」と考えていたら、「今現在」の授業力は磨かれません。企業研修システムであるOJTの考え方で、日々の授業を通して、教師同士が磨き高め合っていく研修が本校の職員研修LCです。

❷ 研修の具体

　LCのグルーピングは、1班4～5名、異年齢・異教科・異学年とし、勤続年数も考慮して組織します。異教科にすることの良さは、例えば国語の先生が数学の授業を参観するとします。文章題が解けない生徒が多いとしたら、もしかしたらそれは国語の読解力が不十分だからかもしれない、あるいは理科の実験レポートがうまく書けない生徒が多いとしたら、それは作文力が不十分だからかもしれない、と国語の先生が気づく点もあると考えます。それが授業の組み立てを考え直すきっかけになるはずです。異教科の同僚の授業に自分の教科を重ねて参観し、自分の授業づくりに活かすことは、教科横断的な視点で授業作りを考える研修となります。

LCによる授業参観

生徒の対話の状況を語り合う懇談会

　LCの研修は、1学期に1回、2・3学期に1回、LC内で授業を参観します。授業者は、授業デザイン（後述）を作成し、学校長、教頭、教務主任、研究主任、LCのメンバーに配布します。授業を参観した日の放課後には、短時間（20分程度）で授業懇談会を行います。授業懇談会の内容は、授業者の強みと生徒の対話の様子から深い学びの状況について語り合うことです。生徒の対話の様子

については、対話が活性化されていたのであればそうさせた要因は、学習問題、環境、使用用具、ICT、グルーピング、教師の手だて等、どこにあるのか意見交換します。その逆も考えられます。学校長や教頭も、できるだけ時間を作り出して参観します。閉ざされた教室や閉ざされた人間関係の中では、自由に参観する空気になりませんが、LCの場合は授業参観が日常化していますので、参観したり参観されたりすることへの抵抗感は少ないと考えています。

❸ 授業デザイン

一般的には学習指導案ということになりますが、A4で1枚という分量のため、授業者の負担が少ないものとなっています。また、特徴的なことが二つあります。一つは、単元の核心と教材の価値が明記されることです。そのため深い教材研究が必要となります。もう一つは、「深い学びの技法」（早稲田大学教授 田中博之先生考案）を明記することです。1時間に1つか2つで良いので、ねらっている深

合同LCで行う模擬授業

い学びの技法を記入します。それにより、参観者も生徒の対話が深い学びに向かっていたかという視点で参観できます。

また、「指導案審議」という言葉がひと昔前はよく聞かれましたが、本校では指導案審議は行わず、LCの中で模擬授業を行います。模擬授業を進める中で、授業で実際に使用する問題や教師の発する問いかけ、時間配分等を検討します。外部への公開授業等も同様です。一つのLCに教科会が合流した合同LCを行うことも考えられます。

❹ LCにより自己効力感を高め合う教師

A教諭は「LCで行う模擬授業が楽しい」と語っています。LCで協働して授業づくりを行うことで、様々な視点からアイディアを得ることができるとも語っています。そして、LCで練ったアイディアをもとに授業を行うと思考力を高めながら意欲的に取り組む生徒の姿があります。A教諭は、この好循環により研修意欲を高めています。

B教諭は、「自分の立ち位置を再確認する場となっている」と語ります。定期的に授業参観や授業懇談会を行うことで、同僚の姿に自分を重ね自分の実践を見返す機会となっているようです。これまでは、日々の忙しさに流されていき、気づけば1年間が終わっていたところ、学期途中で自分の実践を見返す機会があり、PDCAサイクルを循環させ、学期内に授業に活かすことができていると語っています。また、B教諭が得意とするICTの視点からLCにアプローチすることができ、B教諭の意見が反映されることも多々あり自己効力感を高めています。このようにB教諭は、LCという自分を映し出す鏡のような存在により、自己効力感を高めなが

ら有意義な研修を行っています。

　また、このような教科横断的な研修を継続していると、職員室で教科を横断して教師同士が対話をする姿が見られます。その中で、音楽科C教諭と美術科D教諭が、思考のすべ「比較する」を使った教科横断的な授業を構想しました。音楽の鑑賞の授業でドビュッシーとムソルグスキーの曲を鑑賞し、思考ツール・クラゲチャートを活用して分析し、美術の抽象画の授業で音楽を聴きながら、2人の作曲家の世界観を表現するというものです。自分の教科が他教科の力となっていることを実感しながら研修を進めてます。

❺ 小中合同LCの開催

　卒業生全員が本校に入学する大町北小学校でも協働の学びを軸とした授業を行っています。同じ学びでつなぐ、いわゆる小中連携による授業づくりがスタートしています。また、教師も共通点が多い研修システムで授業づくりについて研修を進めています。年に二回、小中合同LCを開催し、年間を通して、授業を見合ったり、小学校の先生と本校の先生が同じテーブルを囲み、実践を語り合ったり、使う言葉の理解を対話したりしています。

小中の教師が語り合う小中合同LC

❻ 授業クリニック

全体講師村瀬先生のご指導

　年に二回、中心講師・村瀬公胤先生（一般社団法人麻布教育研究所所長・教育コンサルタント）をお招きしての授業クリニックを行っています。授業クリニックという名の通り、村瀬先生に授業を参観していただき、午後の研究会で村瀬先生より一人一人にご指導をいただきます。1学期のLCのテーマは、「Do first 〜まずやってみる〜」です。教師がこれまでの殻を破り、一歩進めようとした授業を参観していただき、成果とこれからについて言葉をかけていただくことで、明日の授業づくりへの活力とヒントをいただける研修です。客観的な目で本校の授業づくりを見ていただける大変貴重な研修となっています。村瀬先生の良さは、目の前の生徒たちを真ん中において指導してくださることです。そして、私たちの実践に対し、共感的に寄り添っていただけるだけでなく、進むべき指針を示してくださるところだと感じています。

（矢口 直樹）

第6章　学校づくりのねらいと重点

❶ 学校づくりのねらい

1. 自立した学び手とめざす生徒像

　義務教育の理念は「変化の激しい次の時代を担う生徒たちに必要な力・生きる力」をつけることです。その「生きる力」の理念を中央教育審議会の答申（H28.12）では以下のように具体化しています。

○社会的・職業的に自立した人間として広い視野を持ち，理想を実現しようとする高い志や意欲をもって主体的に学びに向かい，自ら知識を深めて個性や能力を伸ばし，人生を切り拓いていくことができること。

○対話や議論を通じて，自分の考えを根拠に基づいて伝えるとともに，他者の考えを理解し，自分の考えを広げ深め，集団としての考えを発展させたり，他者への思いやりを持って多様な人々と協働したりすることができること。

○変化の激しい社会の中でも，感性を豊かに働かせながら，よりよい人生や社会のあり方を考え，新たな価値を創造していくことができること。

そして，「生きる力」を具体化するために「資質・能力の三つの柱」が整理されました。

○「何を理解しているか，何ができるか」
　　　　　　（生きて働く「知識・技能」の習得）
○「理解していること・できることをどう使うか」
　　　　　　（未知の状況にも対応できる「思考力・判断力・表現力等」の育成）
○「どのように社会・世界とかかわり，よりよい人生を送るか」
　　　　　　（学びを人生や社会に生かそうとする「学びに向かう力・人間性等」の涵養）

　「生きる力」，そして「生きる力」を具体化するための「資質・能力の3つの柱」から，第一中学校では，学校づくりのねらいを次のように設定しました。このねらいには，学校と生徒，そして保護者，地域の皆様が「地域と共にある学校」としての経営理念を共有し，協働することにより養われる資質・能力を教育目標として表してあります。

「対話する学校」を合い言葉とする学校づくりと，「協働の学びを軸とした授業」実践を通して，論理的思考力を高め，自立した学び手を育成する。

21世紀は生涯学習社会です。変化の激しい複雑な社会を生き抜くために，私たちは「自立した学び手」となり，学び続けなければなりません。「自立した学び手」とは，学ぶことが生活の中に自然な形で位置付き，目標に向かって自ら課題を見つけ，課題解決に向けて自ら考えたり，他と協働したりすることのできる人を指します。

社会の変化は加速度を増し，複雑で予測困難となっており，どのような職業や人生を選択するにかかわらず，全ての生徒たちの生き方に影響するものとなっています。そのようなめまぐるしく変化する社会の中，未知の状況にも対応できる「論理的思考力」の育成が大変重要となります。また，生徒たちは，社会の変化を前向きに受け止め，人間ならではの感性を働かせて社会や人生をより豊かなものにしていくことが期待されます。そのような社会から期待される生徒像を本校では3つの姿で具体化しました。

・筋道立てて考え，気づいたことを正確に伝える生徒
・3つの学び方で学ぶ生徒
・礼儀（あいさつ）と勤労（そうじ）を尊重する生徒

2. 協働の学びを軸とした授業

生徒たちが，学習内容を人生や社会の在り方と結びつけて深く理解し，これからの時代に求められる資質・能力を身に付け，生涯にわたって能動的に学び続けることができるよう，「主体的・対話的で深い学び」を視座に置く授業改善を活性化していくことが重要です。新学習指導要領の改訂が目指すのは，学習の内容と方法の両面を重視し，生徒の学びの過程を質的に高めていくことです。単元や題材のまとまりの中で，生徒たちが「何ができるようになるか」を明確にしながら，「何を学ぶか」という学習内容と，「どのように学ぶか」という学びの過程を組み立てていくことが重要になります。

第一中学校では，主体的・対話的で深い学びを実現させ論理的思考力を高める授業として，「協働の学びを軸とした授業」を平成27年度から全教科全授業で取り組んでいます。

❷ 教育課題と重点

1. 教育課題・本質的な問いをすること

　本質的な問いとは，一問一答では答えられない問いであり，さまざまな知識や技能の統合を促す問いのことを意味します。それは，学問の本質やものごとの奥行きに迫る問いであり，生活との関連が見えてくるような問いでもあります。従って本質的な問いとは，生徒の生きる力を伸ばす問いとなります。

　これからの時代は，生徒たち一人ひとりが，予測できない変化に受け身で対処するのではなく，ものごとの奥行きに迫る本質的な問いに対して主体的に向き合いかかわり合っていくことが重要となります。そこでは，対話を通じて，自分の考えを根拠に基づいて伝えるとともに，他者の考えを理解し，自分の考えを広げ深めたり，集団としての考えを発展させたり，他者への思いやりをもって多様な人々と対話したり協働したりして本質的な問いをよりよく解決していくことが求められます。そこで，本校の教育課題を本質的な問いをすることとして，それを実現するための2つの重点を位置づけました。

2. 2つの重点

◯重点1「学びづくり」

　思考の3つの「すべ」（比較する・関連付ける・分類する）を教科横断的に活用し，対話を活性化する。

◯重点2「集団づくり」

　生活上の諸問題や本質的な問いの解決に向けた対話活動を通して，生徒間に自他を尊重する人間関係を構築する。

（大町市立第一中学校）

第7章 教育システム

❶ 学習システム

1. 自立した学び手を育む教育課程

　人工知能の開発により，2030年頃には日本の労働人口の49％の仕事がAIで賄えるようになると予想されています。そんな時代だからこそ，私たち人間が人間であることの意味を問い直し，人間が人間として生きる道を捜さなければなりません。

　人工知能が行っているのは，与えられた目的の中での仕事です。それに比べ，私たち人間は感性を働かせながら，どのような未来を創っていくのか，どのように社会や人生をより良いものにしていくのかという目的を自ら考え出すことができます。その目的を考え出すのに必要な力を育むには，私たち人間は「人間の学習」を続けなければなりません。

　このような「人間の学習」を第一中学校では「協働の学び」に求め，自立した学び手を育成することにしました。私たちは，その「協働の学び」を次のようにとらえています。

～協働の学びとは～

「聴く・問う」から始まる対話活動を基盤として，課題について少人数で互恵的に語り合うこと

　「聴く，問う」から始まる対話活動は，生徒と生徒，生徒と教師の間に聴き合う関係が構築されるほど活性化します。互恵的とは，互いの状況を把握して共感的にかかわる様を表しています。互恵的な学び合いでは，わからない生徒が「わからないよ」「ねえ，ここどうするの」と質問することから始まり，わかっている生徒は，問いを発した生徒の状況に応じて丁寧に対応します。したがって協働の学びの場では，互いの本音や希望が語られたり，つらさへの理解が図られたりするようになります。

　生徒は，この「協働の学びを軸とした授業」を中心に編成する教育課程を歩む中で，友と協働したり，自己に問いかけたりしながら，ものごとの根拠を探る学びを繰り返すようになります。教師の手を借りず，生徒同士で互恵的な関係を築きながら問題を解決していく学びを通して，自己有用感を高めながら論理的思考力を高めていきます。生徒が教師の手から離れて自力で思考することを好むようになる３年生の協働の学びでは，生徒は自分が納得するまで学び続け，深い学びをつむいでいきます。そして，深い学びをつむぐ中で，自分と社会とを関係づけながら，人間ならではの感性を磨いていくのです。結果として，自分のよさを生かして自信をもって協働活動に参加する姿が発現します。

3年間の学びを通して，生徒は，自然にものごとの奥行きや本質に触れようとしていきます。学ぶということが，誰のものでもなく，自分自身のものとなり，やがて自分の問いを生きるようになります。そのとき，学ぶことが生活の中に自然な形で位置付き，目標に向かって自ら課題を見つけ，課題解決に向けて自ら考えたり，他と協働したりすることのできる「自立した学び手」へと歩み始めるのです。

〈自立した学び手を育む教育課程の全体像〉

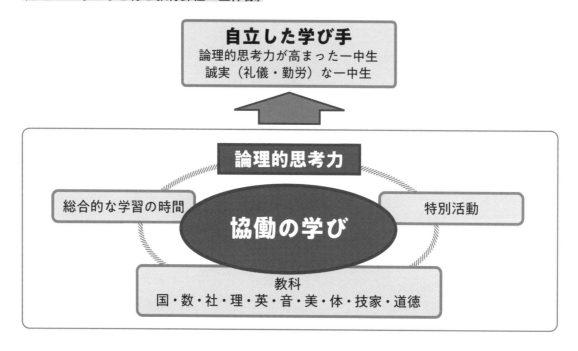

2. 論理的思考力を高めるカリキュラム・マネジメント

　現行の学習指導要領では，教師が「何を教えるか」という観点で組み立てられています。そこでは，一つ一つの学びが何のためか，どのような力を育むものなのかは明確になっていません。その結果，教師は学習指導において「何を知っているか」に執着し，「何ができるようになるか」にまで指導目標を発展させていませんでした。

　この点を反省し，新学習指導要領では「何ができるようになるか」を意識した指導が求められています。しかし，未知の状況にも対応できる「思考力・判断力・表現力」，つまり本校で言う論理的思考力を高めることは，そう簡単にできることではありません。現実の事象は複雑であり，縦割りの学力だけで太刀打ちできるほど甘くありません。そこで注目を集めるのが「教科横断的な視点で編成する教育課程」です。学校は，教科で身に付けた学力を，子どもたちがそれらを自由に組み合わせて自在に駆使できる環境を整えなければなりません。これがカリキュラム・マネジメントです。第一中学校では，教科横断的なカリキュラム・マネジメントを以下のように進めます。

①育てたい資質・能力を明らかにする。

　「論理的思考力・『筋道立てて考え，気づいたことを正確に伝える力』」

②論理的思考力を構成する「思考のすべ」と思考ツールを決めだす。

思考のすべ	すべの内容・思考のことば	思考ツール
比較する	複数の事象の共通点や相違点を見つけ出す 「○○と△△を比較してその違いから〜がわかる」 「友の考えと比較して違いを見出す」	ベン図，座標 等
分類する	複数の事柄をある共通項に基づいていくつかの組に分ける 「他の基準で分類したらどうなるだろうか」	XYチャート 等
関連付ける	既習事項や経験と事柄を結び付ける 「○○と△△がどのように関係しているのか」 「〜の原因としてどんなことが考えられるだろうか」 「友の考えと関連付けて自分の考えをより確かなものにする」	イメージマップ マインドマップ コンセプトマップ 等

③各教科が教科コンパスと教科カリキュラムを作成する。

　・カリキュラム目標（論理的思考力と思考のすべとの関係から）

　・シラバスの作成（単元配列，各単元の核心，「本質的な問い」等を明らかにしたもの）

④各学年で総合的な学習で扱うパフォーマンス課題を設定し，必要な「思考のすべ」を決め出す。（詳細については第9章で解説）

⑤参加する教科，領域を選定し，パフォーマンス課題の解決に参加する教科，領域を決める。

⑥参加する教科，領域が単元を決め，「核心への理解を深める過程」で提示するパフォーマンス課題と，そこで活用する「思考のすべ」を明らかにする。

⑦総合的な学習の時間の学習オーダーを作成する。

〈カリキュラム・マネジメントのイメージ〉

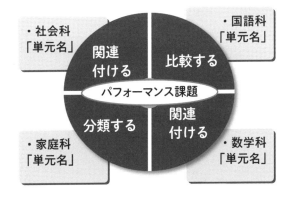

〈パフォーマンス課題の例〉

○中学三年生の総合的な学習

　あなたは大町の市議会議員です。大町市ではこれからの大町を活性化させるために，「地域再開発プロジェクト」を立ちあげました。プロジェクトリーダーであるあなたは，開発プロジェクトの内容を具体的に決めていかなければなりません。明日から各地区の懇談会で住民に「再開発プロジェクト」について説明することになりました。どんなプロジェクトをどのように説明しますか。説明する内容をまとめたものをつくってプレゼンしてください。

○中学一年生の社会科

　聖徳太子は天皇中心の国づくりをめざし，様々な政策を行いました。その政策の一つとして607年に「遣隋使」を派遣しています。聖徳太子が「遣隋使」を見送った日の日記を書きなさい。

3.「協働の学びを軸とした授業」を補完する家庭学習

　教育目標・「自立した学び手となる」を目指すために，生涯にわたって学び続ける能動的な姿勢が重要になります。従来のやらされる「宿題」から「自立した学び手による家庭学習」（以降「いえスタ」）にシフトする必要性があります。また，学び続けるという視点から，第一中学校が行っている「協働の学びを軸とした授業」を補完するものでなければなりません。

　生徒は家庭学習メニューをヒントに自ら家庭学習の内容を選択し，計画を立て，「いえスタ」を中心に自主的・計画的に時間を使い，家庭学習に取り組みます。ただし，学習習慣が身に付いていることが前提となりますので，段階的に支援を行います。

　そのために，年度当初と2学期の最初に家庭学習オリエンテーションを行い，「宿題」と「いえスタ」とがあり，なぜ学習習慣をつけたあとに，自ら学習する内容を選択する「いえスタ」に代えていく必要があるのかを伝えます。

〈段階的支援〉

・入学〜2年生夏休みまで国語・数学・英語を月曜から木曜まで，各教科会から具体的に示された課題に取り組み，提出する
・理科・社会を週末の課題として月曜日に提出する
・2年生の2学期から，いえスタを開始する（各教科週2回以上）
・宿題，いえスタの提出率などは，評価には入れない（生徒に周知する）

〈いえスタメニュー〉

　平成31年度は，朝や放課後の学級の時間を使い，一週間の家庭学習の計画を立て家庭学習習慣の定着を図ります。

国　語	数　学	英　語
A　語彙力を高める学習 ＊漢字練習（テスト範囲・新出漢字・漢字検定） ＊語彙を増やす（四字熟語・故事成語・慣用句・ことわざなど ＊教科書教材の語句調べ＊文法テキスト B　国語便覧・新聞・図書資料を使って学びを広げる学習 ＊古文の視写や口語訳＊新研究（2・3年） ＊ワークブック（1.2年） ＊新聞コラムの視写と感想＊授業の復習 ＊韻文（俳句や詩、短歌など）の解釈など C　表現力を高める学習 ＊文学作品の鑑賞文・感想文など ＊新聞コラムの要旨と自分の意見 ＊課題作文（テーマを決めて書く）	A　今まで学習したことの復習をする学習 ＊数学の問題ノートや授業プリント、教科書の問題 ＊単元テストや定期テストの問題の復習 ＊3年生は『新研究定着ノート』 B　予習や思考力・表現力・活用力を高める学習 ＊予習 ・ノートへ教科書の例題を解いたり、大事なことをまとめたりする。 ＊思考力・表現力・活用力を高める学習 ・定期テスト、単元テストの【利用問題】を解く。 ・教科書、数学の問題ノート、プリントの【利用の問題（記述問題も）】を解く。 ・チャレンジ問題、クリア問題（プリント）を解く。 ・3年生は「入試対策の県別ドリル」などを解く。 （1学期末頃から）	A　語彙力を高める学習、既習範囲の復習 ＊単語の書き取り、語句調べ ＊Joyful Workやテスト問題、単元プリントの復習 ＊3年生は「整理と対策」 B　次の授業の予習をする学習 ＊次回の授業の範囲の意味を調べたり、自分で和訳を作ってみる学習 C　表現力、活用力を伸ばす学習 ＊英作文日記、英語検定の問題、英語の新聞記事などを読んで要約する。 ＊チャレンジ問題、クリア問題に取り組む。

理　科	社　会	家庭学習
A　基礎基本を確かにする学習 ＊3年「整対ノート」の（　）を埋めるA問題をやっていく（1年生の範囲から） ＊1・2年生「学習整理」の該当部分をやる。 B　次の授業の予習をする学習 ＊教科書を読んで新しい言葉や意味の分からない言葉を調べる。 C　授業で習ったことをまとめる学習 ＊授業ノートを新しいノートにまとめ直す。	A　1週間の復習をする学習 ＊ノートやプリントを見てまとめなおしたり、気になったことを調べたりして、ノートにまとめる。 B　基礎基本を確かにする学習（問題集のA、B問題） ＊「社会の新研究」で問題を解き、間違えた箇所をまとめる C　力を伸ばす学習 ＊気になった新聞記事をはり、マーカーでマークし、自分の考えを書く。 ＊論述問題、各問題集のC問題に挑戦する。	①A・B・Cの中から選択して学習しよう。 ②1週間で、各教科2回は提出しよう。 ③毎日1教科は提出しよう。 ④月曜日の朝に、1週間の家庭学習の計画を立てよう。

4.　自己有用感を高めるキャリアノートの活用（2020年度より「キャリア・パスポート」）

　持続可能な社会の創り手に必要な資質・能力が次期学習指導要領の前文に掲げられました。そこでは，その資質・能力は「全教育活動を通して育成すること」と方向づけるとともに，推進上中核的な役割を果たすのはキャリア教育としています。キャリア教育とは，「一人一人の社会的・職業的自立に向け，基礎的・汎用的な能力を育てることを通して，キャリア発達を促す教育」のことです。その中のキャリア発達とは，「社会の中で自分の役割を果たしながら，自分らしい生き方を実現していく過程」のことです。

　第一中学校では，子どもたちが，学校生活や家庭生活の中で自分の役割を果たしながら自分らしく行動してきた自らの姿を振り返り，これからの生活を見通す学びを大切にしたいと考えています。このことについて，第一中学校では，キャリアノートを取り入れて子どもたちの「自己評価に基づいて目標を設定する学び」の充実を図ります。

❷ 研修システム

　私たち教師は，一律に同じ力をもっているわけではありません。教育課題への迫り方も一人ひとり異なります。個人の課題に基づく研修の場を保障することを学校づくりの一環としてとらえることは重要です。課題探索カードによって明らかになる「学びづくり」に関わる課題に

基づき研修を行います。第一中学校では，教師のキャリアアップが図られるように，職員の研修システムを以下のように整えます。内容は，課題探索カードによる自己診断，教頭との懇談，授業クリニック，専門研修，マネジメント研修，専門研修などです。

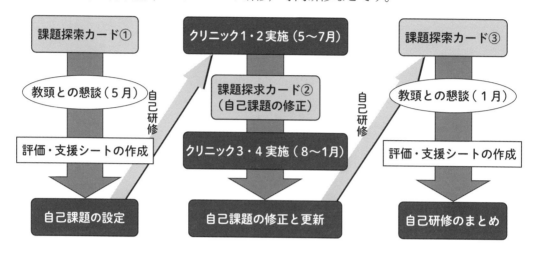

1. ラーニング・コミュニティ（LC）による授業クリニック

　これからの教師には，学級経営や生徒理解に必要な力に加え，教科等を越えた「カリキュラム・マネジメント」の実現や，「主体的・対話的で深い学び」を実現するための授業改善や教材研究，学習評価の改善・充実などに必要な力が求められます。そのため，教科等の枠を越えた校内の研修体制の一層の充実を図る必要があります。学校教育目標やめざす生徒像を踏まえ，「何のために」「どのような改善をしようとしているのか」を教員間で共有しながら，学校組織全体としての指導力の向上を図っていけるようにするのです。そこで，第一中学校では，職員を5班編制にして「ラーニング・コミュニティ（以下LC）」をつくり，授業について研修を行います。

　LCのグルーピングは，異年齢，異教科で，1グループ4～5人で編制しました。1，2学期は，学期に1回ずつ授業を参観し合います。その日の放課後には，短時間で授業懇談会を行います。懇談会のポイントは，教師のパフォーマンスを評価するのではなく，「生徒の対話の様子から深い学びの状況を語り合う」ことです。

①授業クリニックの1年間の流れ（2019年度の例）
〈1学期〉

> 1学期（4～7月）テーマ「Do first ～まずやってみる～」
> ① 今日のゴールの設定（生徒が分かるよう板書に明示する）
> ②「本質的な問い」となる魅力的な学習問題（共有，Jump問題）の工夫
> ③ 対話する学校の教師の役割（聴く・つなぐ・もどす指導）

ICT機器は日常的に活用していく

実践

クリニック1　各班内で授業参観を行う

・授業参観の日は各班主任が調整し，班全員で見合う

・放課後に簡単な懇談会を行う

クリニック2　村瀬先生にご指導をいただく　7月11日（木）

・1〜3時間目全員の授業を見ていただく

・4時間目に全職員による参観授業（抽出班による授業）

〈2・3学期〉

2・3学期（8〜3月）テーマ「論理的思考力を高める」

① 筋道立てて考え気づいたことを正確に伝える場面の実現

② 教科横断的に「3つの思考のすべ」を使い論理的思考力を高める

③ ルーブリック評価を実施する

ICT機器は日常的に活用していく

実践

クリニック3　1学期同様に行う

・各班内で授業参観を行う

・授業参観の日は各班長が調整し，班全員で見合う

・放課後に簡単な懇談会を行う

クリニック4　村瀬先生にご指導をいただく　1月16日（木）

・1〜3時間目全員の授業を見ていただく

・4時間目全職員による参観授業（抽出班による授業）

②委員会の構成メンバー　※異年齢, 異教科, 異学年によるグルーピング（2019年度の例）

班	班長	LCメンバー			
1	矢口（保体）	堀内（社会）	入嵩西（数学）	島村（理科）	（小柳（養護））
2	中澤（理科）	降幡（数学）	市山（国語）	藤巻（技術）	
3	遠藤（音楽）	嶺村（英語）	丸山（保体）	倉澤（理科）	（山本（数学））
4	太谷（数学）	西澤（美術）	渡邊（英語）	吉越（保体）	
5	平野（英語）	山﨑（国語）	佐藤（社会）	内藤（家庭）	

2. 専門研修授業

　教科内の専門研修授業です。教科ごと，研修協力者と授業を見合い，ICTを活用した授業づくり，カリキュラムづくりについて研修を行います。（国語科，数学科，英語科，社会科，理科，技能教科群）

❸ 協働システム

　学校と生徒，そして保護者，地域の皆様が「地域と共にある学校」としての経営理念を共有し，協働するため，第一中学校はコミュニティスクールとして3年目を迎えています。めまぐるしく変化する社会に対応する新たな担い手としての生徒を，地域社会が一丸となって育てることができることもメリットの一つです。

　大町市教育委員会の協力により設置された学校運営委員会において，学校の経営ビジョンや学校支援について発信し，学校運営に対する意見や具体的な支援活動をいただいています。「一中が元気になることで地域も元気になる」ことを理想とし，学校，保護者，地域の総意でつくる学校運営と社会に開かれた教育課程を実施しています。

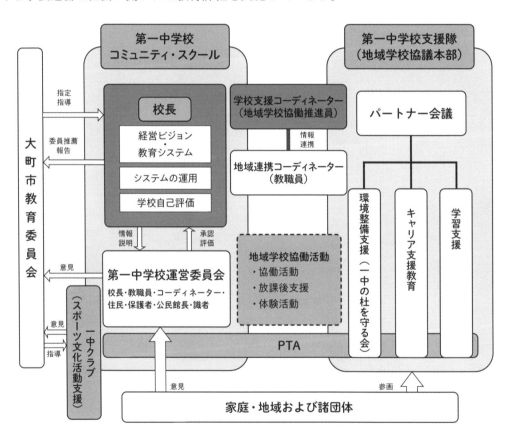

【学校運営委員会の組織】

委員		委員15名以内（PTA代表，公民館代表，自治会代表，住民自治組織代表，有識者，学校支援隊の各代表者，総務部代表者，学校支援コーディネーター）
学校 （事務局）	学校長	
	事務局長	教頭，事務長，地域連携教員

1. 学校運営委員会の役割

「自分たちの学校」であるといった当事者意識をもち，「第一中学校」で自分は何ができるのかを考え，学校，家庭，地域が一体になって「誰もが安心して生活できる幸せな第一中学校」にすることを目的とする組織です。その役割は以下のとおりです。

> **三つの役割**
> ①学校運営の基本方針について検討する
> ②学校の運営全般に意見を述べる
> ③学校の運営状況を評価する

2. 学校支援隊，総務部と学校の協働

学校支援隊を組織し，その中に，環境整備支援（一中の杜を守る会）・キャリア教育支援，（教科）学習支援の3つの支援ボランティアを置きます。また，地域に向けた広報活動を中心に行う総務部を設置しています。

その内容は次のとおりです。

①学校支援コーディネーター

コーディネーター1名を置き，3つの支援ボランティア，クラブ保護者会と学校の協働によって学校運営が進むように連絡・調整を行います。

②学校支援隊

〈環境整備支援ボランティア〉

環境整備支援ボランティアは，学校敷地内の環境整備への協力を行います。花壇整備や冬囲いをはじめ，特に，「一中の杜」や園庭の樹木の剪定作業は日常的にボランティア活動を行います。仕事の内容からして，保護者の皆様には全員応募していただくのがよいと思います。

〈キャリア教育支援ボランティア〉

キャリア教育支援ボランティアは，第一中学校の「生き方学習（総合的な学習）」を中心に支援活動を行います。職場体験学習，農具川清掃，高齢者福祉体験学習，21世紀の大町市プラン学習などを学校の要請に応じてサポートし，生徒一人ひとりの生き方を確立したり，大町市民としての自覚を促したりします。ボランティアは，商工会の青年部の皆様や市役所の福祉課や生活環境課の皆さん，学校の職員，保護者の皆様などで構成されます。

〈学習支援ボランティア〉

学習支援ボランティアは，生徒たちの教科学習の授業への支援や補習授業等への支援を行います。学習意欲の向上や，知識・理解や技能の定着を目指します。具体的な活動としては，日頃の授業や総合的な学習の時間への支援や，水曜日の放課後学習への支援等が考えられます。支援の推進については，学校職員が中心になろうかと思いますが，PTA役員，公民館長，本校卒業生の高校生や大学生などの協力を得ながら，進めたいと考えています。

③総務部

　総務部は，一中コミュニティ通信の発行等，地域に向けた広報活動を行うとともに，夏休み
カルチャースクール，こぶし祭での地域展，衣類回収の実施など地域の方に学校へ足を運んで
いただく活動を行います。

④パートナー会議

　パートナー会議は，学校支援コーディネーター，３つの支援ボランティアの各代表者，総務
部で構成します。学校職員や地域の方からの意見を集約し活動に活かしたり，各ボランティア
に活動の依頼をしたりします。

3. 学校を活用したコミュニティのあり方

　第一中学校の長期休業を活用して，地域住民を対象としたカルチャースクールや，掲示板を
活用した地域のボランティア募集等を行う予定です。これらの活動はPTA役員や，地域の文
化活動団体の皆様とともに進めていきます。

4. 生徒が地域と繋がるコミュニティ

　地域の中で，生徒が活躍できる場としてのコミュニティを模索しています。生徒のカルチャ
ースクールへの運営側としての参加やＰＴＡ・コミュニティ作業への生徒の参加などを考えて
います。また，高齢化社会の担い手として，地域花壇の作業ボランティアや農業体験等も考え
られます。

5. 一中クラブ（スポーツ文化活動支援）

　一中クラブは，第一中学校生徒のスポーツ文化活動を支援する組織で，協議会を設置し支援
の体制を整えます。

　協議会は，各クラブ保護者会代表，各クラブ指導者代表（学校職員，地域指導員）によって
構成されます。今まで生徒のスポーツ，文化活動は部活動を中心に学校が管理・運営を行って
きました。これからは，一中クラブ協議会を中心に大町市と連携して各クラブの活動が計画さ
れるようになります。

（大町市立第一中学校）

自立した学び手を育む教育課程の実際

❶ 教科・領域等の時間数

2018年度　本校の授業時数

【1学年】

時間割		国語	社会	数学	理科	英語	音楽	美術	保体	技・家	道徳	特活	総合
A	コマ数	4	3	4	3	4	2	1	3	2	1	1	1
	10週	40	30	40	30	40	20	10	30	20	10	10	10
B	コマ数	4	3	4	3	4	1	1	3	2	1	1	2
	15週	60	45	60	45	60	15	15	45	30	15	15	30
C	コマ数	4	3	4	3	4	1	2	3	2	1	1	1
	10週	40	30	40	30	40	10	20	30	20	10	10	10
合計		140	105	140	105	140	45	45	105	70	35	35	50

【2学年】

時間割		国語	社会	数学	理科	英語	音楽	美術	保体	技・家	道徳	特活	総合
A	コマ数	4	3	3	4	4	1	1	3	2	1	1	2
	10週	40	30	30	40	40	10	10	30	20	10	10	10
B	コマ数	4	3	3	4	4	1	1	3	2	1	1	2
	15週	60	45	45	60	60	15	15	45	30	15	15	30
C	コマ数	4	3	3	4	4	1	1	3	2	1	1	2
	10週	40	30	30	40	40	10	10	30	20	10	10	20
合計		140	105	105	140	140	35	35	105	70	35	35	70

【3学年】

時間割		国語	社会	数学	理科	英語	音楽	美術	保体	技・家	道徳	特活	総合
A	コマ数	3	4	4	4	4	1	1	3	1	1	1	2
	10週	40	40	40	40	40	10	10	30	10	10	10	10
B	コマ数	3	4	4	4	4	1	1	3	1	1	1	2
	15週	45	60	60	60	60	15	15	45	15	15	15	30
C	コマ数	3	4	4	4	4	1	1	3	1	1	1	2
	10週	30	40	40	40	40	10	10	30	10	10	10	20
合計		105	140	140	140	140	35	35	105	35	35	35	70

【7組】

時間割	生活	国語	社会	数学	理科	英語	音楽	美術	保体	技・家	道徳	特活	総合
A	4	3	2	4	2	3	1	1	3	2	1	1	2
	40	30	20	40	20	30	10	10	30	20	10	10	20
B	4	3	2	4	2	3	1	1	3	2	1	1	2
	60	45	30	60	30	45	15	15	45	30	15	15	30
C	3	3	2	4	2	3	1	1	3	2	1	1	2
	30	30	20	40	20	30	10	10	30	20	10	10	20
合計	140	105	70	140	70	105	35	35	105	70	35	35	70

【自立】

時間割	国語	社会	数学	理科	英語	音楽	美術	保体	技・家	道徳	特活	総合
A	3	4	4	4	3	1	1	3	2	1	1	2
	30	40	40	40	30	10	10	30	20	10	10	20
B	3	4	4	4	3	1	1	3	2	1	1	2
	45	60	60	60	45	15	15	45	30	15	15	30
C	3	4	4	4	3	1	1	3	2	1	1	2
	30	40	40	40	30	10	10	30	20	10	10	20
合計	105	140	140	140	105	35	35	105	70	35	35	70

❷ 総合的な学習の時間の全体像

　第一中学校の生徒に，社会的・職業的に自立した人間として広い視野を持ち，理想を実現しようとする高い志や意欲を持って主体的に学びに向かい，自ら知識を深めて個性や能力を伸ばし，人生を切り拓いていくことができることのできる力を育むことができるように，総合的な学習の時間を次図のように進めます。

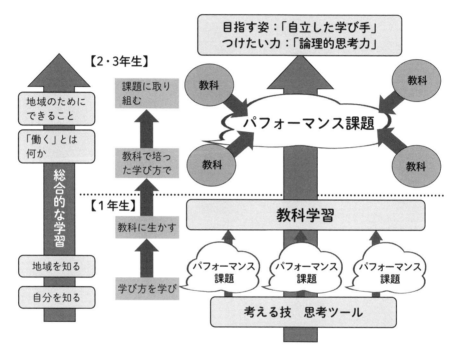

❸ 特別支援教育

　2020年東京オリンピック・パラリンピック競技大会を契機とする「心のバリアフリー」の推進の動向も踏まえ，全ての人が，障害等の有無にかかわらず，多様性を尊重する態度を育成できるようにすることが求められます。

　特別支援教育に関する教育課程の枠組みを，全ての教職員が理解できるよう，通級による指導や特別支援学級における教育課程編成の基本的な考え方を学校運営要綱に記載します。通級による指導を受ける生徒及び特別支援学級に在籍する児童生徒については，「個別の教育支援計画」や「個別の指導計画」を全員作成して指導に臨みます。

　また，通常の学級においても，発達障害を含む障害のある生徒が在籍している可能性があることを前提に，インクルーシブ教育の視点に基づき，全ての教科等において指導の工夫の意図，手立ての例を具体的に示していくことが必要となります。第一中学校では，「協働の学びを軸とした授業」の中で示す3つの学び方を大切に「わからない」と言った生徒の心の叫びに耳を傾け，互恵的に語り合う関係を築くことを基本としながら，特別支援教育にあたります。

❹ 日課表

2019年度　　　　　　　　　　日 課 表　　　　　　　　　　2019年4月～ 2020年3月
大町市立第一中学校

		月	火	水	木	金
開錠時刻	7:30	原則部活動なし				
	7:10	特別に認められた場合の諸活動がある場合				
登校時間	～8:10					
朝の活動	8:15～8:25	学年・学級 読書 ドリル	学年・学級 読書 ドリル	集会 学年学級	学年・学級 読書 ドリル	学年・学級 読書 ドリル
朝の会	8:25～8:35	朝の会	朝の会	朝の会	朝の会	朝の会
		10	10	10	10	10
第1校時	8:45～9:35	①	①	①	①	①
		10	10	10	10	10
第2校時	9:45～10:35	②	②	②	②	②
		15	15	15	15	15
第3校時	10:50～11:40	③	③	③	③	③
		10	10	10	10	10
第4校時	11:50～12:40	④	④	④	④	④
給食	12:40～13:30	給食	給食	給食	給食	給食
		5	5	5	5	5
第5校時	13:35～14:25	⑤	⑤	⑤	⑤	⑤ / 清掃 13:35～13:50
		10	10	10	10	10
第6校時	14:35～15:25	清掃 14:35～14:50	⑥		⑥	⑥ / 帰りの会 14:00～14:10
		10	10		10	10
清掃	15:35～15:50	学級活動 15:00～15:50	学年学級の時間 15:00～15:30	清掃	清掃 14:35～14:50 / 清掃	清掃 / 総合① 14:20～15:10
		10	10	10	10	10
帰りの会	16:00～16:10 (16:15)	帰りの会	生徒会 15:40～16:10	帰りの会	帰りの会 15:00～15:10 (15:15)	帰りの会 / 総合② 15:20～16:10
一般下校		16:30	16:30	15:30	16:30	16:30
日課外諸活動 諸活動の終了時刻は、完全下校の15分前				15:40～ 職員会議／学年会 教科会／研修 他		

完全下校	4月～8月	9月	10月前半	11月後半～1月前半	2月前半	3月
	18:30	17:45	17:15	16:30	17:15	17:45
			10月後半～11月前半	1月後半	2月後半	
			17:00	17:00	17:30	

※第Ⅰ節、Ⅲ節（4，5，8，9月）は帰りの会が15分間です。その他は10分間です。
※生徒会がある日、総合的な学習の時間が2時間連続する場合は日課がかわります。

（大町市立第一中学校）

051

第9章 「協働の学びを軸とした授業」の構想

❶ 「協働の学び」とは

> **～協働の学びとは～**
>
> 「聴く・問う」から始まる対話活動を基盤として，課題について少人数で互恵的に語り合うこと

・「聴く，問う」から始まる言語活動は，生徒と生徒，生徒と教師の間に聴き合う関係が構築されるほど活性化します。

・互恵的とは，互いの状況を把握して共感的にかかわる様を表しています。互恵的な学びでは，わからない生徒が「わからないよ」「ねえ，ここどうするの」と質問することから始まり，わかっている生徒は，問いを発した生徒の状況に応じて丁寧に対応します。したがって協働の学びの場では，互いの本音や希望が語られたり，つらさへの理解が図られたりするようになります。

❷ 「協働の学び」を軸に置く学びづくり

「一人一人の子どもの学ぶ権利を保障し，その学びの質を高めること」を実現するためには「わからない」という友への問いからから始まる「協働の学び」が不可欠です。わかった生徒が主導となり進める「話し合い」ではなく，一人一人の生徒が「語り合い」のできる学びづくりを目指します。そこで，生徒たちに身につけさせたい3つの学び方を示しています。

> **1** わからないと言うこと
> **2** 友達の声に耳を傾けること
> **3** 自分のわからなさを追究すること

対話する学校の授業
3つの学び方
1 わからないと言うこと
2 友達の声に耳を傾けること
3 自分のわからなさを追究すること

全教室に掲示

1　「聴く・問う」から始まる対話活動では，「わからない」と言えることが最も重要です。「はい」「はい」と活発に意見が飛び交う授業は，わからない生徒がわからないままに置き去りにされ，ますます消極的になります。

2　「友達の声に耳を傾ける」互いの存在やわからなさを大切にした語り合いを目指します。わかっている子が「わからない友」に一方的に教えるのでは，わからない生徒は主体性や積

極性も向上しなくなります。

3　対話活動で友の考えに寄り添うことで，自分のわかっているレベルが再認識でき，より深い理解につながります。自分のレベルを認識して「自分のわからなさを追究すること」が理解を深めることにつながります。

❸「協働の学び」の効果

1.　全ての生徒に学ぶ権利を保障できる

　小グループによる学び合いは，一人ひとりの生徒に必然的に学びを促す機能があります。一斉授業では，聞いているそぶりをして学びを怠ることは可能ですが，協働の学びでは，どの生徒も学びに参加することを余儀なくされます。結果として，全ての生徒に学ぶ権利を保障することができます。それにより第一中学校の生徒に好ましい影響があることがわかります（全国学力・学習状況調査生徒質問紙より）。

全国学力・学習状況調査生徒質問紙経年変化(H26〜29)

質問項目　【　】 内はH29年度の質問番号	H26	H27	H28	H29
授業の中で目標（めあて・ねらい）が示されていた【63】	42.3	58.7	71.8	73.9
	32.9	41.9	47.6	53.1
授業の最後に学習内容を振り返る活動をよく行っていた【64】	17.5	39.1	45.9	54.5
	15.6	19.4	23.3	25.3
授業では学級の友達との間で話し合う活動をよく行っていた【59】	19.6	44.6	75.3	78.4
	31.3	34.2	34.9	38.9
学級の友達との間で話し合う活動を通じて，自分の考えを深めたり，広げたりすることができている【70】	17.5	38.0	32.9	30.7
	16.9	18.4	20.2	19.7
授業で、生徒の間で話し合う活動では、話し合う内容を理解して、相手の考えを最後まで聞いて、自分の考えをしっかり伝えていたと思いますか【61】	新設設問		34.1	39.8
			25.4	26.2
学校の授業などで自分の考えを他の人に説明したり，文章に書いたりすることは難しい【69】	27.8	25.0	23.5	19.3
	33.3	30.8	30.3	30.4
授業の中で、自分の考えを発表する機会が与えられていたと思いますか【58】	32.0	56.5	36.5	51.1
	36.9	46.2	43.5	42.5
授業で、自分の考えを発表する機会では、自分の考えがうまく伝わるよう、資料や文章、話の組み立てなどを工夫して発表していたと思いますか【62】	新設設問		24.7	18.2
			17.0	17.1

H30 全国学力・学習状況調査生徒質問紙No. 54

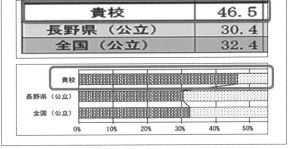

生徒の間で話し合う活動を通じて、自分の考えを深めたり、広げたりすることができていると思いますか（3年学力テスト質問紙）

貴校	46.5
長野県（公立）	30.4
全国（公立）	32.4

2.　学習内容の定着が図られにくい生徒の学力を回復できる

　「協働の学び」を中心とする授業では，「わからないと言えること」「友の声に耳を傾けること」「自分のわからなさを追究すること」という学び方が身に付きます。従って，学習内容の定着が図られにくい生徒にとっては，「協働の学び」の学び方を身に付けることにより，自分の学力を向上させることが可能となります。その例を挙げます。

○本校M生（2年生）の理科のテスト点及び学年順位の推移

	1学期末	1学期末	2学中間	2学期末
テストの得点	70	65	74	79
順位	70	65	45	16

苦手ではないが，得点力が伸び悩んでいたM生は，１年生の頃，授業の中で説明を聞くだけの受け身の姿勢で授業に臨んでいました。「協働の学びを軸とした授業」が始まった平成27年5月頃から，M生は，理科教師の「聴く，つなぐ，もどす」という指導により，「これはどうしてこうなっているの？」と訊けるようになり，二学期には，「わからない」と言って，友に質問を何度も繰り返し，物事をあきらかにしようと自ら動き出しました。そして，「聴く・問う」から始まる対話活動を楽しむようにまでなりました。このような学び方の変化に伴い，M生の順位は半年前と比べ，飛躍的に伸びたのです。

3. 伸びる力を一層伸ばすことができる

　協働的な学びが充実することにより，学力の高い生徒を一層伸ばすことも実証されています。M小中学校の６年生は以前から少人数グループによる語り合いを授業の中心に位置付けていました。その６年生は全国学力学習調査において，B問題に良い結果を残しており，そこから，思考・判断・表現の力が身に付きつつあることが明らかになりました。また，児童個々の状況を診ると，学力の高い児童ほどB問題に対する正答率が高いことが見えてきました（M小中学校平成25年度学校評価より）。

　続いて，平成25年度8月よりの学びを始めた中学2学年C生の変化に注目してみます。以下のデータはC生が中学2年生になってからの定期テストの結果です。

	一学期中間	一学期末	二学期中間	二学期末
C生	401	366	384	430

　協働の学びが本格的に始まった二学期以降のC生の得点の伸びには目を見張るものがあります。この変化についてC生にインタビューすると，「授業で行われている協働の学びが自分に合っています。また，友達がわからないでいることを説明していると，そのことがよくわかってきます。」という言葉が返ってきました。

　以上のことから，協働の学びの効果について次のことが言えます。

　　・わからない生徒の問いについて語ることを通して，わかる生徒が「わかり直し」を経験し，身に付けた知識や技能を確かなものにしていく。
　　・「わかり直し」は対象への深い理解を促し，そのことが，授業や単元の後半で出会うジャンプの課題に対する挑戦意欲を掻き立てている。

4. 思考力・判断力を問う問題に強くなる

　次の表は，平成27年度のC調査の結果を，県平均に対する本校の差異を基にしたP調査との「活用問題」の数値比較表です。

教科	P調査	C調査	比較
数学1年	-9.2	+4.8	+14.0
数学2年	+11.6	+9.1	-2.5
国語	-2.7	-2.0	+0.7
英語	+9.5	+11.8	+2.3

　協働の学びを始めた5月頃の数値に比べ，12月のC調査では，活用問題の数値が上昇している教科が多いことがわかります。また，協働の学びを軸とした授業を全教科・全授業で実施してから，全国学力・学習状況長調査においても安定して全国平均を上回っています。

〈平成29年度全国学力・学習状況調査結果〉

本校の結果	国語A	国語B	数学A	数学B
長野県と比べて	上回っている	上回っている	大きく上回っている	大きく上回っている
全国と比べて	上回っている	上回っている	上回っている	大きく上回っている

〈平成30年度全国学力・学習状況調査結果〉

本校の結果	国語A	国語B	数学A	数学B	理科
長野県と比べて	上回っている	上回っている	上回っている	上回っている	大きく上回っている
全国と比べて	少し上回っている	上回っている	少し上回っている	上回っている	上回っている

❹ 論理的思考力が高まる学びづくりの視点

1. 各教科の3年間でつける力を明らかにして授業に臨む

～教科コンパスの作成～

　授業に臨むにあたっては，教師に「教科の力をつけるための課題」，「教科の今日的課題に切り込む視点」が明確になっていなければ，生徒に基礎・基本の力はつきません。これらの課題・視点を決め出す基盤となるのが，「この教科は何を学び，何を身につける教科なのか」という「教科のめざすところ＝教科の役割」です。教科の役割は，教科性を明確にする指標であって研修のよりどころとなる要諦です。

教科コンパス（昇降口に掲示）

　この教科の役割に基づき，各教科で卒業時にめざす姿として，「3年間でつける力」を設定します。これは，学習指導要領の目標分析と，教科の役割から決め出される思考力・判断力・表現力であり，「学びの意味化」に至るための重要な礎になります。

　以上のことから，教科コンパス（＝羅針盤）を教科ごとに作成しています。教科コンパス（第

Ⅱ部）は、年度当初の授業オリエンテーションで生徒に配布し、その教科の役割、3年間でつける力、学び方、教師の手だて等を、生徒と教師で共有してから1年間の授業をスタートさせます。また、「教科コンパスα（教師用）」には、学年ごとに育成をねらう見方・考え方と教科のプロセスモデルを記しています。この教科コンパスは，昇降口に掲示し，保護者にも発信しています。

2. 「単元の核心」を明らかにする

本校では，単元の学習に貫かれる中心概念を「単元の核心」としました。生徒がこの「単元の核心」に対して，対話活動をしながら追究していくとき，「協働の学び」の質は高まると考えています。

> ### 単元の核心
> ・その単元の中心概念
> ・教師がその単元で生徒に養いたい教科固有の見方・考え方

生徒は単元の核心に向かうため，その周辺の内容をつかって追究をしていきます。この構造が整理されていると，教師はこれらの周辺の内容をつかって追究している生徒を「つなぐ・もどす」ことができ，「協働の学び」の質が高まります。教科の特性にあった「単元の核心」を明らかにしていきたいと考えています。単元の核心は、教科シラバスに明記し、全教科で単元の核心に迫ることができるように指導します。単元の核心は、教科会で更新を行います。

〈単元の核心の例〉

教科	単元	単元の核心
数学	一次関数	変化の割合が一定であること
理科	気象観測と雲のでき方	空気中の水蒸気量が気温によって変化することと，雲ができたり消えたりすることを関連付けて考えること
体育	陸上競技（リレー）	トップスピードでバトンパスを成立させること
美術	そっくりに作るピーマン」（彫刻）	そっくりな色と質感の再現

3. 「単元のプロセス」を明らかにする

生徒が「どのように学ぶか」を捉えるためには，単元のプロセスを明らかにしていく必要があります。本校では，この単元のプロセスを3つの過程としています。
この単元のプロセスで重要となってくるのは，生徒の一時間毎の振り返りと単元の終末の「学びの意味化を図る過程」の取り組みです。数学では，生徒が，毎時間の「マインドマップ」を活用し，自らの学びを振り返ります。単元終末では，「マインドマップの再構築を行います。

この再構築の場で，生徒は友と語り合いながら，より理解や考えを深めます。社会科や音楽科では「物語作文」を使い，歴史上の人物になって時代背景等を捉えた上で作文を書きます。このような「学びの意味化を図る過程」を多く取り入れ，「協働の学び」の質を高めていきます。かくして，各教科のカリキュラム目標の実現が図られます。

〈単元の3つのプロセス〉

4. 「一時間の学びの構造」を明らかにする

　生徒たちは一時間の授業で，まず学習問題と出会い，一人になって問題の意味を考えながら解決策を模索・検討（創造の学び）します。そして「協働の学び」により友と関わり，また一人になって自分の見方・考え方がよいか自問自答（創造の学び）します。このように「協働の学び」と「創造の学び」を往復しながら小さな自己評価（メタ認知的思考）が繰り返されることで，「本時つける力」に迫っていくのです。そして，授業を振り返ることで新たな問いが生まれ，次時につながっていくのです。このような「1時間の学びの構造」を明らかにすることにより，「協働の学び」の質を高めることができると考えました。もちろん，授業によっては実験，実習，実技，調査等が行われるので，それぞれの教科で「1時間の学びの構造」を工夫していく必要があります。

〈1時間の学びの構造の基本〉

　～「創造の学び」とは～
　　一人になって問いの意味を考えながら解決策を模索・検討したり，気づきから新たな見方・考え方を見出したりすること
　～「小さな自己評価」（メタ認知的思考）とは～
〈モニタリング〉
　・目標を設定すること
　・目標に対する自分の見方・考え方を確かめ，評価すること
〈コントロール〉
　・課題解決に向け，努力の仕方を工夫すること
　　「検討した根拠は明確か？」「誰と対話すればよいか？」
　　「どの場面に戻ればよいか？」「何を使って調べればよいか？」
　・自分を褒めたり励ましたりすること

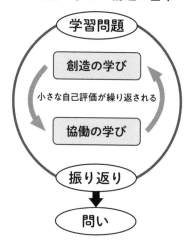

1 時間の学びの構造の基本

5.「指導と評価の構想表」を作成する

　指導と評価の構想を書き込んだ単元展開のイメージですが，一つ異なるのは，「単元の核心」が明記されていることです。構想表に単元の核心がはっきりと位置付くことになり，教師はこれらの周辺の内容をつかって追究している生徒を「つなぐ・もどす」ことが可能となり，この指導により「協働の学び」が活性化します

単元デザイン（指導と評価の構想表）3学年「二次方程式」（全13時間）単元の核心「既習事項を使って等式の形を変えること」

課程		学習活動	目標	数学への関心・意欲・態度	数学的な見方や考え方	数学的な技能	数量や図形についての知識・理解
学びの文脈づくり	核心をつかむ（8）	二次方程式のその解き方(3)	二次方程式とその解の意味を理解し、平方根の意味にもとづいて二次方程式を解くことができる。	平方根の意味にもとづいて、二次方程式を解こうとしている。	平方根の意味にもとづいて、二次方程式を解く方法を考えることができる。	<u>平方根の意味にもとづいて、二次方程式を解くことができる。</u>	<u>二次方程式とその解の意味、平方根の意味にもとづく二次方程式の解き方について理解している。</u>
		二次方程式の公式(2)	二次方程式の解の公式を知り、それを使って二次方程式を解くことができる。	二次方程式の解の公式に関心を持ち、それを使って二次方程式を解こうとしている。	二次方程式の解の公式に関心を持ち、それを使って二次方程式を解こうとしている。	<u>解の公式を使って、二次方程式を解くことができる。</u>	二次方程式の解の公式を使って二次方程式の解き方について理解している
		二次方程式と因数分解(3)	因数分解を使って二次方程式を解くことができる。	因数分解を使って、二次方程式を解こうとしている。	左辺を因数分解し、「A×B＝0ならば、A＝0またはB＝0」を使って、二次方程式を解く方法を考えることができる。	<u>因数分解を使って、二次方程式を解くことができる。</u>	因数分解を使った二次方程式の解き方を理解している。
	核心の理解を深める（4）	二次方程式の利用 整数の問題(1) 容積の問題(1) 動く点の問題(1) 問題づくり(1)	二次方程式を利用して、問題を解決することができる。	<u>二次方程式を利用して、問題を解決しようとしている。</u>	<u>数量の関係をとらえ、二次方程式を利用して問題を解決し、その過程を振り返って考えることができる。</u>	問題の中の数量を二次方程式に表し、その二次方程式を解くことができる。	二次方程式を利用して問題を解決する手順を理解している。
	学びの意味化（1）	マインドマップの再構成(1)	追究した内容を自分の言葉でまとめ、表現することができる。	<u>追究してきた内容を自分の言葉でまとめ、表現しようとしている。</u>			
				○学び合いの姿から ○マインドマップ	○単元テスト ○定期テスト ○マインドマップ	○単元テスト ○定期テスト	○単元テスト ○定期テスト

6. 論理的思考力の評価

　「学びの過程で身につく学力」，つまり気づいたことや考えたこと，養われた論理的思考力などは把握しづらく，簡単には評価することができません。それゆえに，そうした「学びの過程で身につく学力」の部分は，今までは評価の面でも軽視されがちでありました。

　しかし，これからの授業では論理的思考力が重視されるようになります。また，学習評価は，結果が生徒に還元されてはじめて機能し，教育的価値をもちます。つまり，評価は「評価したら終わり」「評価のための評価」ではなく，生徒の資質・能力の向上とそれに向けた指導改善に結び付けるために行うものと考えます。学習評価を考えることは，生徒にどのような資質・能力を育成するかを考えることにつながります。

　第一中学校では，論理的思考力の高まりを判断する評価方法等の工夫について，単元を構想する中で，ペーパーテストのみならず複数の評価方法を活用し，生徒の成長を促すための過程の評価（形成的評価）を行います。

①生徒の自己評価を利用する

> ○**自己評価の例**（表現は学年の発達段階に合わせる）
> Q1　友達の意見を聞くとき，自分の意見と比較しながら考えるようになってきた
> Q2　文章を読むとき，本当にそうなのかと考えながら読むことが多くなってきた
> Q3　問題を見て，こう解けばいいのではないかと予想することが多くなってきた
> Q4　友達のどの意見が一番いいか，選ぶことができるようになってきた
> Q5　思っていることを友達に上手に伝えることができるようになってきた
> Q6　自分の考えを整理しながら文章で表現できるようになってきた
> 　　（Q1・2は主に思考力，Q3・4は主に判断力，Q5・Q6は主に表現力に関する項目）

　自己評価の結果を信頼性のあるものに高めていくためには，自己評価の文言の意味する具体的な姿を生徒に共有させることが大切です。そのためにもできだけ曖昧な表現は避けます。（Q5「上手に」⇒「順序よく」「理由を付けて」など）

②ルーブリック表を活用する

　教師は，授業で使うワークシートに自ら記入してみて，どのようなことが書かれていれば，論理的思考力が高まってきているのかを判断し，ルーブリックを作成し評価に活用します。これまで曖昧だった論理的思考力の評価が具体的にできるようになります。さらに，単元のゴールイメージを明確にすることができ，そこから本時の学習問題や学習内容を決め出す単元の「逆向き設計」も可能となります。生徒にもルーブリックを配布することで，どこを目指していけばよいかが明確となり，生徒は学習意欲を高め，自律的・主体的に学んでいきます。また，自己評価の客観性が高まり，自己評価能力も高まっていくことが考えられます。

〈ルーブリック評価の例（保健体育科）〉

○場面設定（パフォーマンス課題）

　あなたは，生徒会保健委員会の委員です。「生活習慣病」についての生徒集会を行うことになりました。生徒集会の目的は，<u>一中生に「生活習慣病とその予防」について理解して行動にうつしてもらうこと</u>です。

　あなたは，パワーポイントのスライドと原稿を作成することを任されました。スライド（3枚）と説明用の原稿を作成してください。

〈ルーブリック表〉

評価	A	B	C
自己評価			
論理的思考力	生活習慣病と予防について、理解した上で、「比較する」「分類する」「関連付ける」を**効果的に使い、全校生徒が今日から実践してみようと思える説得力のある**スライドと原稿になっている。	生活習慣病と予防について、理解した上で、「比較する」「分類する」「関連付ける」を使い、**全校生徒が理解しやすい**スライドと原稿になっている。	生活習慣病と予防について、理解した上で、「比較する」「分類する」「関連付ける」を使い、3枚のスライドと原稿を作成した。

A：十分満足できる（期待する思考活動が十分見られる）
B：概ね満足できる（期待する思考活動は見られるが、未到達な部分もある）
C：努力を要する　　（期待する思考活動が見られない）

※**期待されるルーブリック評価の効果**

・Bが達成された生徒は，次に自分がどのような姿をめざせばよいかがAを読めばわかる

・生徒と教師が目標を共有することにより，生徒と教師の協働作業で生徒の論理的思考力の状況を評価できる

③**記述式テストを利用する**

【国語】「…文章…」

Q「この文が伝えたいことを30字以内でまとめなさい」という問題が出題された場合，キーワードとなる言葉は何だと思いますか。文中から二つ選びなさい。また，それぞれを選んだ理由も書きなさい。

【数学】「…問題…」

Q 問題文を読んで△△について解こうとするとき，何に着目して解く方法を考えるか書きなさい。ただし，考えたことが複数あったら，それらを全て書きなさい。

　これらの問題を継続的に出題し，正答の様子及び解答内容等で，高めたい力の変化をとらえます。

④学習シート（OPPシート）を工夫する

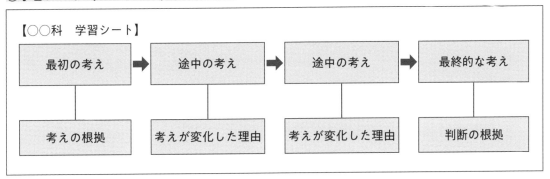

【○○科　学習シート】

最初の考え → 途中の考え → 途中の考え → 最終的な考え

考えの根拠 | 考えが変化した理由 | 考えが変化した理由 | 判断の根拠

- OPP（ワン・ページ・ポートフォリオ）は，どのような思考の流れで最終的な考え（判断，結論等）に至ったのかが可視化できるシートです。
- 事前に目指す生徒の姿（どのようなことを根拠に，どのような考えを書くことができれば「おおむね満足」なのか）を設定しておき，判断の基準にします。
- 記入内容の変容を確認しながら，実現状況を把握します。

⑤パフォーマンス評価を工夫する

　パフォーマンス評価とは，「パフォーマンス課題」（第７章「パフォーマンス課題の例」参照）によって学力をパフォーマンス（ふるまい）へと可視化し，学力を解釈する評価法です。その仕組みは，フィギュアスケートの評価方法（実際の演技の過程を見て一定の基準に沿って採点する）に似ています。「パフォーマンス課題」に取り組ませて学力を「見える」ようにし，評価基準（ルーブリック）を使って評価するのが一般的です（本章「ルーブリック評価の例（保健体育科）」参照）。

⑥その他

　ポートフォリオ評価，レポート作成，全国学調等の諸調査，なども考えられます。

❺ 「協働の学び」の質を高める授業の４つの要素

1.「今日のゴール」の設定

今日のゴール
生徒たちが，その時間に獲得すべき学習内容や方法

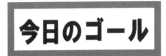

全教室に設置

　「今日のゴール」が示されることで，生徒は授業の終末段階における自分のあるべき姿を明らかにして追究を進めることができ，追究意欲をかき立てることにもつながっていきます。例えば，音楽の鑑賞の授業で，この楽曲のおだやかなイメージはどこから感じられるのか？という「本質的な問い」に生徒が出会います。そこで，今日のゴール『音楽を形づくっている要素

と私が感じとったことを関連付けて説明する』というように設定します。生徒たちは，「本質的な問い」の解決に向けて，音楽を形づくっている要素と楽曲から受けた感覚を関連付けて考え，「協働の学び」と「創造の学び」を繰り返しゴールに向かいます。1時間の終わりには，自分事として友に解説します。そして，振り返りの場面で自分の学びを学習カードに「外化」することによって，音楽への見方・考え方を更新します。

2.「本質的な問い」となる魅力的な学習問題

　生徒がわくわくするような「本質的な問い」となる学習問題を設定することが望ましいと考えます。それは，ただ「面白そうだ」と感じるだけの問題ではありません。実際の生活で役立つ内容が含まれていたり，智恵を出し合い対話をしなければ乗り越えられなかったり，思考力をフル活用したりできる必然性・切実感のある学習問題です。それは，教育課題にもある「本質的な問い」であることが必要となります。このような魅力ある学習問題の設定を目指し，教材研究をしていきます。

〈例：算数・数学のジャンプの問題（発展性のある問題）〉

> **ジャンプ問題**
> あなたは上司の部長にA，Bプランに加えて，新しい料金プランCプランを作るように命じられました。プランの条件は以下の通りです。この条件を満たすようなプランを，グラフをもとに考え，基本料金と1分ごとの通話料を設定し，上司に提案してください。
> **Cプランの条件**
> ①1分間の通話料はできるだけ安くおさえること。
> ②1ケ月の通話時間が200分以下の範囲では，Aプラン，Bプランの両方より電話料金が高くならないようにする。すなわち，200分以下ではどのプランと比較しても同額か，それよりも安くし，200分を超えるとCプランより安いプランがあるようにすること。

　例えば，数学の一次関数（2年生）で，電話の2つの通話プランA・Bどちらがお得か店員となりお客さんに説明する問題で，グラフ上に料金プランを表し比較して，一次関数の基本的な考え方を使って説明することができました。そこで，教師は，友と知恵を出し合いながら一次関数の考え方を深められるように，ジャンプ問題を設定しました。このジャンプ問題で，生徒は店員として上司により良いプランを提供しようと一次関数の考え方を利用して，思考と対話を活性化させながら正しい答えを導き出しました。

　また，単元の中で発展させたジャンプの問題も考えています。M小学校5年生の割合の単元では，日本のCO_2排出量についての環境問題に発展させて学習しました。そこで，1年間の1世帯あたりのCO_2排出量や都道府県別のCO_2排出量を示し，さらに，電気やガソリン，灯油，ガス，ゴミ，水道等の割合を示しました。児童は，それぞれのCO_2の排出量を求めるだけでなく，そこからCO_2の削減に向けて自分のできることや考えをまとめる学習をしました。

このように，ジャンプ問題は，教科の見方・考え方を働かせて，教科の本質や奥行きに迫る問題であり，生活との関連が見えてくる問題にする必要があります。第一中学校では，以下の考え方をベースとして，各教科でジャンプ問題を開発しています。

- ・ジャンプの問題は学力の高い生徒にとって魅力的で，思考力を発揮しなければならない，ハードルの高い問題を設定します。
- ・学力の低い生徒にとっては，基礎的な知識・技能を再確認する場とします。例えば，数学で機械的に計算をしていた子どもが，式の意味を考えることで，自分の間違いに気づき，正確な計算ができるようになります。

3. 対話活動の保障と「聴く・つなぐ・もどす」指導

　対話活動を重視している本校の研究においては，対話の構造を明らかにする必要があると考えています。そこで，対話の内容を「自己との対話」「友との対話」「対象との対話」でとらえ，構造化しました。

〈自己との対話〉

　生徒一人ひとりが授業の初期段階で，「今日のゴール」を明確に意識して追究していく過程で重要となるのが，自己との対話です。生徒は「今日のゴール」を目指して追究していく中，「これでいいのかな」と問いをもちながらより深く考え，自分の進むべき方向を決定していきます。また，友との対話を終えた段階においても自己との対話は深くなります。

〈友との対話〉

　友との対話を成立させるためには，「わからないと言うこと」「友達の声に耳を傾けること」が重要です。つまり，生徒が「3つの学び方」を身につけることが，コミュニケーション力を高めることになり，友との対話を充実させることになるのです。

〈対象との対話〉

　「本質的な問い」となる学習問題があり，「今日のゴール」が明らかになっていると，生徒は対象とより深く対話することができるようになります。教師は「本時つける力」に迫りきれない子どもに対しての支援のあり方も見えてきます。また，生徒が対象との対話を深めることにより，友との対話，自己との対話も深まっていくと考えています。

　これらの対話は，「今日のゴール」「魅力

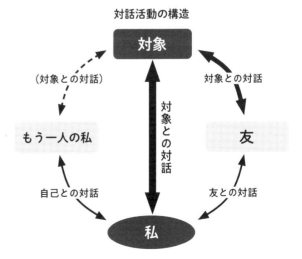

対話活動の構造

的な学習問題」にも関わります。また，学級や学年，教科や単元等によって大きく変わっていき，常に最もふさわしい支援をしていくことが重要となっています。次に対話を保障する支援のあり方について挙げます。

〈対話を保障する支援のあり方〉

・学びが成立している授業とは，対象との対話，友との対話，自己との対話がバランスよく成している授業の事を言っています。まず，教師がこのことを自覚することが大切です。
・1グループ男女混合の4人程度の小グループを構成します。構成は，多様な個性や能力の子どもによって組織される少人数が望ましいと考えます。

男	女
女	男

協働の学びの机の配置

・教師は，生徒の対話活動を「聴く」姿勢で捉え，「つなぐ・もどす」の支援を工夫していきます。
・グループ内の生徒の思考を「つなぐ」の他に，グループを超えての「つなぐ」もあります。（ただし，意図がないと，行きたいところへいく空気にしてしまいます。）
・ペア学習やコの字，円形の机配置も考えられます。教師と生徒が向き合った関係で授業が進む従来からの机の配置はやめます。
・小グループの「協働の学び」では，教師の声がけは最小限にします。教師の教え込みでは，教えてもらうことを待つ生徒を育てることになり，主体性や積極性が失われていきます。教師は，参加できていない生徒がいる場合"わかったこと"と"わからないこと"を整理しながら「協働の学び」が成立するように支援します。

・生徒の対話を活性化させるツールとして，「ホワイトボード」「スクールタイマー」「タブレット」を効果的に活用します。これらは，思考の状況や対話時間を可視化することが可能となり，対話を活性化する上で有効なツールです。

4. 考える時の視点となる「思考のすべ」

　教科で育まれた思考力を連携して生かすことのできる教科横断的な能力を育むことができると考えました。この能力を育むためには，各教科の学習を充実し，各教科が目標とする論理的思考力を育成するとともに，各教科が育む能力のつながりを捉え，組織的連携を図った指導が必要であると考えました。

　実際の授業場面では，「考えましょう」「まとめましょう」という言葉をよく耳にします。しかし，生徒にとっては，「どうやって考えたらいいの？」「まとめるって何をするの？」という疑問でいっぱいなのではないでしょうか。

　そこで，「協働の学びを軸とした授業」の対話の質を向上させるため，「どうやって考えたり，まとめたりしたらよいのか」，その方法について学ばせることが大切ではないかと考えました。

その方法を「思考のすべ」とよび，思考活動の中で繰り返し使わせたい「思考のすべ」を「比較する」「関連付ける」「分類する」の3つとしました。

　そして，教科横断的にこの3つの「思考のすべ」を繰り返し使うことで，その「思考のすべ」が自分のものとなり，生徒が問題（課題）に対し，自ら考える方法を選び，その方法を複数組み合わせながら解決していけるようになることが，本校がめざすところです。

　また、思考や新しく得た情報を、一定の視点や枠組みに従って書き出すツールである思考ツール（資料○○）は、思考していることが可視化されるため、対話する場面で生徒たちが「主体的」「対話的」に関わる状況を生み出すことができます。そして、思考が可視化されて操作が可能になることは、考える行為を明確化するため、自分の考え方をメタ認知することに大きな効果を与えると考えられます。

3つの思考のすべ
（全教室に設置）

〈論理的に考えるための「3つの思考のすべ」と内容・ことばの例、及び「思考ツール」〉

思考のすべ	すべの内容・思考のことば	思考ツール
比較する	複数の事象の共通点や相違点を見つけ出す 「○○と△△を比較して，その違いから〜がわかる」 「友の考えと比較して違いを見出す」	ベン図, 座標 等
分類する	複数の事柄をある共通項に基づいていくつかの組に分ける 「他の基準で分類したらどうなるだろうか」	XY チャート 等
関連付ける	既習事項や経験と事柄を結び付ける 「○○と△△がどのように関係しているのか」 「〜の原因として，どんなことが考えられるだろうか」「友の考えと関連付けて自分の考えをより確かなものにする」	マインドマップ コンセプトマップ等

（大町市立第一中学校）

参考文献（第6〜9章）

国立教育政策研究所（2013）教育課程の編成に関する基礎的研究　報告書5　社会の変化に対応する資質や能力を育成する教育課程編成の基本原理.

田中博之（2017）アクティブ・ラーニング「深い学び」実践の手引き. 教育開発研究所.

田村知子・村川雅弘・吉冨芳正・西岡加奈恵（2016）カリキュラムマネジメン・トハンドブック. ぎょうせい.

西岡加奈恵（2008）「逆向き設計」で確かな学力を保障する. 明治図書.

西岡加奈恵（2016）教科と総合学習のカリキュラム設計. 図書文化.

西岡加奈恵・田中耕治（2009）「活用する力」を育てる授業と評価：パフォーマンス課題とルーブリックの提案. 学事出版.

西岡加奈恵・永井正人・前野正博・田中容子・京都府立園部高等学校・附属中学校（2017）パフォーマンス評価で生徒の「資質・能力」を育てる：学ぶ力を育てる新たな授業とカリキュラム. 学事出版.

# 学校改革を継続すること

❶ 他校から見た第一中学校

　平成27年、第一中学校が「聴く学校」を経営理念に据え、協働の学びを根幹にした授業づくりに着手した時、私は大町市の隣にある池田町の池田小学校の校長に赴任した。大町市を含む近隣五市町村にある小・中学校、義務教育学校、養護学校の計20校は一つの校長会を組織していたため、当時の第一中学校校長であった塩原先生からは、折に触れ、自身の学校づくりについてお話を伺っていた。その際、塩原校長先生っが語っていた言葉は、とても明確であった。「学校づくりに対して、校長がするべきことは、ビジョンを示すことである。」しかし、校長が示すビジョンとはどのようなものなのか、当時の私には容易に理解できるものではなかった。

❷ 学校参観

　翌28年、年に20回ほど行われている校長会が、第一中学校で開催される時があった。「聴く学校」としての2年目を迎えていた第一中学校では、授業づくりについて職員や生徒の理解が急速に進んだ頃であった。全学級の授業が公開され、いくつかの授業を参観した。

　4人グループの生徒たちが談笑しながら、課題について自然に語り合う姿がどの授業でも展開されていることは、少なからぬ驚きであった。例えば中学校3年生の授業であれば、教室の後ろの方で机に顔を伏せて授業に参加していない生徒がいるのは仕方ない、その生徒には他の教科や部活動で活躍する場を用意することが大切だ、などと漠然と思っていた私にとっては、衝撃とも言えた。それまで、何度となく、塩原先生から話を聞いたり、学校経営案づくりの研修を受けていたりしたにもかかわらず、今一つ腑に落ちていなかった自分がいたのである。

　実際の授業を参観して初めて、塩原先生が話されていたことやグランドデザインの内容が、私の中で、生徒や教師の具体となって結びついた。こういうことだったのか、と自分なりに納得することができた。その後、自分の学校のグランドデザイインを見直したり、授業づくりについて教頭や研究主任と今まで以上に突っ込んだ話をするようになった。

❸ 赴任が決まって

　塩原先生が退職を迎える頃となって、校長会の中で、次に第一中学校に着任する校長は誰かということが密かな話題となった。学校変革をリードしてきた力のある校長の後を継ぐことは、

学校内の先生方をまとめていく点でも、また学校外の期待や疑問等に応えていくという点においても平坦なものではない、険しいものだろうという予想があった。私も他人事のように、そんな話を同僚校長としていたのを思い出す。

　年度末のある日、異動の内示を受けた。異動先は第一中学校であった。「大変なことになった。」というのが、正直なところ一番初めの思いであった。自分にその任が務まるだろうか、職員や生徒は私についてきてくれるのだろうか……不安は日に日に大きくなっていった。3月、塩原校長先生から引き継ぎの案内とともに、当時のガイドラインが送られてきた。それまで、第一中学校の先生方が苦労を重ね、作り上げてきたものを読ませていただき、先生方の取り組みに改めて頭が下がる思いを抱いた。校長の示すビジョンを学校全体の研究や各教科・領域の授業に具体化する道筋が述べられ、よくぞここまで作ったものだと感心した。

　塩原校長先生の示した経営方針の中に「イギリス教育の未来を拓く小学校　〜『限界なき学びの創造』プロジェクト」（アリソン・ピーコック他著）からの引用があった。私はすぐにその本を購入し、読むことにした。塩原校長先生の願いをきちんと受け止めなければ引き継ぐことはできないと思ったからである。

❹ 引継ぎ

　3月の終わりに第一中学校を訪れ、塩原校長先生から、校長としての引継ぎを行った。その中心は学校経営のことであり、授業づくりのことであった。細かな点についても丁寧な引き継ぎ資料を用意していただいてあった。2時間余りの引継ぎの中で、私が強く感じたのは、この学校づくりの流れを受け継いでほしいという塩原校長先生の強い思いであった。「山崎さんのやりたいようにやればいい」という言葉には、私自身の覚悟を問われていると感じた。この学校づくり、授業づくりをさらに進めていくのが自分の務めだと確信した瞬間であった。

❺ 改革の継続

　着任2年目の30年度、経営理念を「聴く学校」から「対話する学校」にし、学校教育目標を「自立した学び手となる」とした。それは、「聴く学校」をさらに発展させるための必然だったと思っている。学校職員は、一定数が毎年入れ替わっていく。しかし、学校としての取組に中断は許されない。幸いにも、研究主任を中心とした27年度当初より本校に勤める職員とともに、新たに第一中学校の仲間となった職員も積極的にその取組に参加している。

　今後とも皆で知恵を出し合いながら、さらにより良い第一中学校となるよう、そして、学校教育目標に一歩でも近づけるよう、学校づくりに邁進していきたいと思う。

❻ 校長講話から

　機会のあるたび、全校生徒や保護者に対して、グランド・デザインのどれかに焦点化した話をするよう心掛けてきた。

（平成30年度 3 学期終業式より）

　第一中学校の教育目標は、「自立した学び手となる」です。そして皆さんに示したのは、「対話する学校」でした。「対話する学校」とは、昨年度までの「聴く学校」をさらに発展させたいとの願いから、「『「聴く』そして『伝える』」としています。グランド・デザインには、めざす生徒像として、自立した学び手の姿を 3 点示しています。

　1 つ目は、「筋道を立てて考え、気づいたことを正確に伝える生徒」、2 つ目は、「3 つの学び方で学ぶ生徒」です。3 つの学び方は、皆さんが授業中意識してきたように、①「わからないと言うこと」②「友達の声に耳を傾けること」③「自分のわからなさを追究すること」でした。これらについて、皆さんがアンケートに答えてくれています。アンケート 1 「『聴く』『問う』からはじまる協働の学びで対話活動をしている授業が多くある。」という項目に対して「とてもある　69％」「まあまあできている　27％」となり、肯定的な回答が併せて96％となりました。これは本当に嬉しいことです。全校の皆さんが、まさに協働的な学びを意識して、学び続けてきたことがよく表れています。

　また、めざす生徒像の 3 つ目は、「礼儀（あいさつ）と勤労（そうじ）を尊重する生徒」でした。これらについて、皆さんはどのように答えてくれたのでしょう。アンケートの 2 「先生や友だちに対して自分から積極的にあいさつをしている」については、「とてもある　54％」「まあまあできている　35％」で、肯定的な回答は89％でした。

　さらに、アンケートの 3 「清掃の時間は、私語をせず時間いっぱい作業に集中している」について、「とてもある　54％」「まあまあできている　40％」で、肯定的な回答は94％でした。これらからも皆さんが行動で示してくれていることがよくわかります。

　でもちょっと考えてほしいことがあります。例えば、これは皆さんの下駄箱です。きちんとくつがそろえて入れてあります。素晴らしいですね。でもどうしてくつはそろえていれたほうがいいのか。あるいは、どうしてあいさつは自分からした方がいいのか。常に「どうして？」と問い続けてほしいのです。

そのために人の意見を聴くことも大切です。でも最終的に自分なりの意味づけをしなくてはなりません。もしも第一中学校にいるから行うということであれば、卒業したら実行しないかもしれません。残念ながらそれは「自立した学び手」ではありません。

　私たちはこれからも自立した学び手になるために学び続けていきます。

　今年度1年間、共に学校を創り上げてきてくれた皆さんに心より感謝します。

（山﨑　晃）

第Ⅱ部

各教科コンパスと
シラバス

教科コンパスの見方

コンパス＝その教科のめざすべき方向・方位

保健体育科コンパス

教科の特質（そのものだけがもっている特別の性質）を一言で表しています。

1. 「対話する学校」における保健体育科の役割

中学3年間で生徒につけたい資質・能力

> 心と体をひらいて学ぶ教科

2. 3年間でつける力

(1) 生徒につけたい教科固有の思考力・判断力・表現力（論理的思考力）

その教科を通してつけてほしい学び方

> 運動の楽しさを創り出す力
> 　～「運動」と「自分」と「仲間（グループ）」との対話より～

(2) 保健体育科の学び方

対話する学校の教科が協働の学びを活性化させる独自のアイディア

> ・活動場所の安全や自他の健康状態を確認してから活動する
> ・できそうなことから何度もやってみる
> ・感じたことを伝え合い、よりよくする
> ・ペアやグループの活動を大切にして、お互いに高め合う

3. 協働の学びを活性化させるための手立て

論理的思考力を高めるための具体的場面

> ・様々な考えや技能をもった仲間とのグルーピング
> ・生徒にとってやさしい（優しい・易しい）運動の開発
> ・単元のまとめで「運動と自分」をプレゼンする
> ・タブレットを使った運動のフィードバック
> 　→良い動きと比較する
> ・3つの思考のすべを活用する（比較・関連付け・分類）
> ・ルーブリックでめざす姿を生徒と共有する
> 〈筋道立てて考え気づいたことを正確に伝える場面設定〉
> ・取り組んだ運動について「運動と自分」について解説する
> 　（単元最後の時間）
> ・気づいたことを伝え合う場をつくる

3つのプロセスで構成された単元の各プロセスにおける教師の手だてを示している。

教科コンパスαについて

　生徒に配布したり、掲示したりして教科の学び方について教師と生徒で共有してすすめる教科コンパスに対し、教科コンパスαは、教師がカリキュラムを展開する上での道しるべとなるものが示されている。具体的には、各学年の目標とその目標具現のために3つのプロセスの中で行う手だてである。これにより、教科会で意識や指導が統一される。

教科の役割と3年間でつける力は、教科コンパスと同様の内容

保健体育科コンパスα

「対話する学校」における保健体育科の役割

心と体をひらいて学ぶ教科

3年間でつける力

○生徒につけたい教科固有の思考力・判断力・表現力（論理的思考力）

運動の楽しさを創り出す力
　～「運動」と「自分」と「仲間（グループ）」との対話より～

3年生

生涯にわたって運動を豊かに実践しようとする見方・考え方

各学年の目標が示されている。学習指導要領の目標とリンクする。

2年生

運動における協働の経験を通し、一人一人の違いを認めながら自他の課題を合理的に解決しようとする見方・考え方

1年生

運動の楽しさや喜びを味わい、運動を豊かに実践しようとする見方・考え方

〈保健体育科のプロセスモデル〉

③自己（自分）との対話を通して、学んだことを「運動と自分」の中に再構成し、単元の核心をつかむ。（学びの意味化）

②他者（友だち）と運動との対話の中で、運動について自分にはない見方や新たなとらえ方に触れ、運動に対する考えを深める

①運動との対話の中で、できそうなことや目標にする姿について考え、学習の筋道の見通しを持つ。

協働の学びを軸とした授業

「核心への理解を深める過程」

・生徒にとってやさしい（優しい・易しい）運動の開発（発達適合的再現）
・様々な考えや技能をもった仲間とのグルーピング
・思考ツールの活用（関連付け）
・ルーブリックでめざす姿を教師と生徒で共有する
・取り組んだ運動について「運動と自分」について解説する（単元最後の時間）
・タブレットを使った運動のフィードバック（良い動きとの比較）

「学びの意味化を図る手立て」

・筋道立てて考え気づいたことを正確に伝える場面の設定
・単元終末に、自分と運動について語る場の設定
・単元の核心を問う（学習後）

「学習の見通しを持つために」

・アナロゴン獲得のための技能ドリルの実施
・単元オリエンテーションの実施（学び方の確認）
・毎時間の学習問題の設定
・単元の核心を問う（学習前）

単元の展開方法。基本的に3つのプロセスで構成されている。

国語科コンパス

1. 「対話する学校」における国語科の役割

> 伝え合う力を高め、思考力や想像力を養う教科

2. 3年間でつける力

(1) 生徒につけたい教科固有の思考力・判断力・表現力（論理的思考力）

> 言語を手掛かりとしながら、論理的に思考する力・豊かに創造する力

(2) 国語科の学び方

- 新しく出会った言葉やわからない言葉は、辞書を使って身につけよう。
- 声を発すること（返事　音読　発言など）を大切にし、場に応じた声で伝えよう。
- 文章だけでなく、さまざまな情報（類似資料・図・グラフなど）を、正確に読み取ろう。
  ⇒「比較する」「関連付ける」「分類する」
- 自分が感じたことや考えたことを、言葉を使って表現する（話す・書く）ことをこつこつと継続していこう。
- 友達と対話し、自分を表現したり、友達の考えに共感したりすることによって、豊かな心を育てよう。

3. 協働の学びを活性化させるための手立て

- 文章や題材について自分の感想や疑問をもって、学習をスタートする。
- 1時間の中で「自己」「友」「対象」と対話する。
- 思考ツールを使って探究し、自分の考えを明確にする。

〈筋道立てて考え気づいたことを正確に伝える場面設定〉

- 日常の生活に関連した事柄に関して、みんなで意見を交わしたり自分の考えを表現したりする。
- 相手意識（誰に向けて）や目的意識（何のために）をもって、対話する。

国語科コンパスα

「対話する学校」における国語科の役割

伝え合う力を高め、思考力や想像力を養う教科

3年間でつける力

○生徒につけたい教科固有の思考力・判断力・表現力（論理的思考力）

言語を手掛かりとしながら、論理的に思考する力・豊かに創造する力

3年生
論理的に考え、
深く共感したり豊かに
想像したりしたことを
伝えようとする見方、考え方

2年生
論理的に考え、
共感したり想像したりしたことを
伝えようとする見方、考え方

1年生
筋道を立てて考え、
豊かに感じたり想像したりしたことを
伝えようとする見方、考え方

〈国語科のプロセスモデル〉

③論理的思考の側面
・語彙に関する知識・伝統的な言語文化に関する理解
・情報を多角的・多方面に精査・構造化する力

「学びの意味化を図る
手立て」
・生徒の生活に関連づけた必
要感のある素材・題材の選定
・思考ツールの利用（「比較す
る」「関連付ける」「分類する」）

②他者（友だち）とのコミュニケーションの側面
・言葉を交流させる中で、心を豊かにする。
・社会との関わりの中で、自己を表現したり他者の心
に共感したりして、自己理解を深める。

「対話を活性化させる
手立て」
・魅力ある課題の提示
・1時間の中の対話の
明確化（「自己」「友」
「対象」）
・相手意識・目的意識
の明確化

①感性・情緒の側面
・優れた事象・表現に触れたり体験したりして、感じ
たことを言葉にする。

「学習の筋道の見通しを
持つために」
・生徒の願いをスタートとし、
共通の学習場面を設定する
・言語活動の明確化

協働の学びを軸とした授業

国語科　Ｉ学年　教科シラバス（各学年　漢字・文法事項の学習が入る）

月	時	単元名	単元の核心	本質的な問い
4	1 4	**言葉に出会うために** ・野原はうたう ・声を届ける	・詩の語句を通して、音声言語の働きや仕組みの理解を深めること。 ・相手意識をもって、自己紹介文を書き、相手に伝わるように発表すること。	・黙読と比較して、音声による表現の良さはどこにあるのだろうか。
5	4 5	**学びをひらく** ・花曇りの向こう ・わかりやすく説明しよう。	・物語作品の情景描写に着目し、登場人物の変化を読み取ること。 ・身近な生活の中から、目的や相手に応じた情報を収集し、校正を工夫して説明すること。	・情景描写は、登場人物とどのような関係があるのだろうか。
6 7	3 4 4 2	**新しい視点へ** ・ダイコンは大きな根？ ・ちょっと立ち止まって ・「好きなもの」を紹介しよう ・情報の集め方を知ろう	・段落の役割に着目して、文章の要旨を捉えること。 ・文章と図の関連や段落と段落の関係に注意して構成を捉えること。 ・自分の伝えたいことを、相手の反応を捉えながら紹介すること。 ・情報の集め方を知ること。	・段落の役割から、要旨を捉えられるか。 ・文章と図との関連性から、構成を捉えられないだろうか。 ・相手の反応をどのように発表に活かしていけるだろうか。
8 9	2 1 2	**言葉をつなぐ** ・詩の世界 ・言葉を集めよう ・空を見上げて	・詩の表現の特徴を捉え、描かれた情景を想像すること。 ・ある観点にそって関係のある言葉を集め、その言葉を使い日常生活を題材とした紹介文を書くこと。 ・言葉にはどのような力があるか読み取り、言葉について自分の考えをもつこと。	・表現技法の働きを理解することで、情景を豊かに想像することに繋がるのではないだろか。 ・文中の句につなげて句作することで、言葉の意義深さを捉えられるか。
10	3	**読書生活を豊かに** ・光る地平線 ・私が選んだこの一冊	・作品に書かれているものの見方や考え方を捉え、見方や考え方を広くすること。	・どのような構成にすると、伝わりやすい文章になるだろうか。
11	5 4 5 4	**つながりの中で** ・星の花が降るころに ・大人になれなかった弟たちに…… ・シカの「落ち穂拾い」 ・調べたことを報告しよう	・登場人物や情景の描写に着目して、人物の気持ちの変化を読み取ること。 ・作品を通して、自分のものの見方や感じ方を見つめ直すこと。 ・文章と図表との関連を考えながら、説明文を読むこと。 ・日常生活から話題を探し、わかりやすい文章を書くこと。	・人物の心情と場面展開との関連を明らかにすることで、心情変化を具体的に捉えられるか。 ・文章と図表との関連性に注目することで、文章の構成を捉えられるか。 ・構成方法の比較をすることで、より伝わりやすい文章の書き方を身につけられるか。
12 1	1 1 4 2	**いにしえの心に触れる** ・いろは歌 ・月に思う ・蓬莱の玉の枝 ・今に生きる言葉	・歴史的仮名遣いに注意して音読すること。 ・古典の様々な種類の作品を知ること。 ・現代の文章と古典とを読み比べ、古典の文章表現の特徴を知ること。	・言葉や考え方など、現代と比較することで、古典の世界を身近に感じられるか。

月	時	単元名	単元の核心	本質的な問い
2	5	**論点をとらえて** ・幻の魚は生きていた	・文章の中心的な部分を読み取り、要旨を捉えること。	・要旨を捉えるには、キーワードや中心文を手がかりにすることが有効ではないか。
	1	・話題や方向をとらえて話し合おう	・日常生活の中の話題について報告し、討論すること。	・感じたことを文章にしよう。
	5	・根拠を明確にして魅力を伝えよう	・芸術的な作品などについて鑑賞したことを文章に書くこと。	
	2	・桜守三代	・文章に表れている考え方を捉えて、自分の見方や考え方を広くすること。	
3	7	**自分を見つめて** ・少年の日の思い出	・工夫された表現に着目して、人物の心情や移り変わりを捉えること。	・違う翻訳を比較することで、人物の心情を深く捉えられるか。
	5	・印象深く思いを伝えよう	・伝えたい自分の考えや気持ちを相手や目的を考えながら書くこと。	・相手を想定して書くことで、効果的な伝え方の工夫ができるか。
	6	・一年間の学びを振り返ろう ・ぼくが　ここに	・文脈の中における語句の意味を捉え、表現の特徴について自分の考えをもつこと。	
	140			

国語科　2学年　教科シラバス

月	時	単元名	単元の核心	本質的な問い
4	1	**広がる学びへ** ・見えないだけ	・表現の特徴を活かして朗読すること。	・感情を表す言動を分類することで、心情変化を捉えられるか。
	5	・アイスプラネット	・登場人物の言動に着目して、人物の関係や心情の変化を読み取ること。	
5	3	・枕草子	・日本の四季を描いた情景描写の巧みさを読み取り、作者の四季のとらえ方や感じ方について自分の考えをもつこと。	・趣を感じる対象を比較・音読することで、昔の人々の感性を捉えられるか。
	6	・多様な方法で情報を集めよう	・社会生活の中から紹介する事柄を決め、多様な方法で情報を集め、構成を考えて書くこと。	
6	4	**多様な視点から** ・生物が記録する科学	・文章構成や事実との考え方の示し方に着目して、筆者の考え方を捉えること。	・事実と考えを関連づけていくことで、筆者の主張を捉えられるか。
	5	・魅力的な提案をしよう	・調べてわかったことや考えたことなどに基づいて説明や発表ができること。	・目的意識・相手意識と、構成とを関連させることで、展開を工夫できるだろうか。
7	2	・メディアと上手に付き合うために	・メディアの特徴を知り、付き合い方について自分の考えをもつこと。	
	3	**言葉と向き合う** ・新しい短歌のために ・短歌を味わう	・短歌に示された語句の効果的な使い方や描写の効果を理解し、情景を想像すること。	・なぜ短い詩の中に心情を豊かに表現できるのだろうか。
	1	・言葉を比べよう	・似た気持ちを表す言葉を比べ、語感を磨くこと。	・言葉の使い方の比較を通し、筆者の見解を実感できるか。
	2	・言葉の力	・言葉の本質についての見解を読み取り、自分の考えを深めること。	

8	3	**読書生活を豊かに** ・世界で一番の贈り物 ・二年一組のお薦め三十五冊	・構成や場面展開の工夫に着目して、作品を味わうこと。	
9	5	**関わりの中で** ・盆土産	・作品に描かれている優しさや温かさなどを、表現に即して読み味わうこと。	・情景描写と心情とを関連づけることで、家族への思いを自分に寄せて読み取れるか。
	3	・字のない葉書	・筆者の父親への想いや家族のきずな、人間関係についての自分の考えをもつこと。	
10	4	・気持ちを込めて書こう	・社会生活に必要な手紙を書くこと。	・筆者の主張に説得力を持たせているのは何だろうか。
	5	・モアイは語る	・文章の構成や論の展開に着目して、筆者の主張を捉えること。	
11	4	**いにしえの心を訪ねる** ・平家物語 　扇の的	・登場人物の言動から心情を理解し、作品に描かれたものの見方や考え方について自分の考えをもつこと。	・言葉や考え方などを現代と比較することで、より深く古典の世界を知ることができるか。
	2	・仁和寺にある法師		
12	3	・漢詩の風景	・漢詩特有の言葉遣いや調子を生かして読み、情景や心情を想像して自分の考えをまとめること。	・訓点が必要とされたのはなぜだろうか。
	4	**論理を捉えて** ・君は「最後の晩餐」を知っているか	・語句や表現の工夫に着目して、筆者のものの見方や考え方を読み取ること。	・見出しの役目は、どのようなところにあるのだろうか。
1	5	・話し合って考えを広げよう	・社会生活の中の話題について、司会や提案者を立てて討論を行うこと。	・どんなテーマの時にパネルディスカッションは有効だろうか。
	5	・根拠を明確にして意見を書こう	・多様な考え方ができる事柄について，立場を決めて意見を述べる文章を書くこと。	・説得力のある意見文にするには、どのような工夫があるか。
	1	・落葉松	・表現の仕方に注意して、自分の考えをもって読むこと。	
2	1	**読書に親しむ** ・小さな町のラジオ発	・災害時における情報の大切さについて、自分の考えをもつこと。	
	6	**表現を見つめて** ・走れメロス	・人物像の変化を捉えて読むこと。	・セリヌンティウスがメロスを疑った場面はどこだろうか。
	5	・表現の仕方を工夫して書こう	・場面や気持ちの変化が効果的に伝わるように、文章の構成や描写を工夫して書くこと。	
	3	・科学はあなたの中にある	・抽象的な語句に注意しながら、事例と主張の関係を考え内容を読み取ること。	・「私」と比較して、Mさんのどのような姿勢が科学的と言えるのだろうか。
3	6	・一年間の学びを振り返ろう		
	2	・鍵		
	140			

国語科　３学年　教科シラバス

月	時	単元名	単元の核心	本質的な問い
4	1	**深まる学びに** ・春に	・詩に込められた作者の人間や自然に対する思いを捉えて読むこと。	
	4	・握手	・登場人物の生き方や考え方を捉え、人間や社会について自分の意見を持ち、作品を批評すること。	・なぜルロイ修道士は病のことを「私」に言わなかったのだろうか。
5	2	・学びて時にこれを習ふ	・漢文の言い回しに注意して読み、孔子の考え方を自分たちの生活と関連づけて考えること。	・賛同する生き方・考え方はあるだろうか。
	4	・社会との関わりを伝えよう	・時間や場の条件に合わせてスピーチすること。	
6	4	**視野を広げて** ・月の起源を探る	・語句の用い方や説明の順序、図の使い方に着目して内容を捉えること。	・巨大衝突説が他の説と比較して説得力をもつのはなぜだろうか。
	4	・魅力的な紙面を作ろう	・内容にふさわしい文章の形態や素材を選び、紙面構成を工夫して書くこと。	
7	2	・「想いのリレー」に加わろう	・現代メディアの特徴を読み取り、情報発信の意義と注意点について考えを深めること。	
	3	**言葉を見つめる** ・俳句の可能性 　俳句を味わおう	・筆者のものの見方や感じ方、表現の仕方などを読み味わい，俳句の世界に親しむこと。	・俳句と川柳の違いはどこにあるのだろうか。
	1	・言葉を選ぼう	・時間の経過によって変化した言葉や世代によって使われ方が違う言葉を見つけ、その違いを比較し、調べた内容について相手にわかりやすい説明になるように構成を工夫して書くこと。	
	2	・「批評」の言葉をためる	・文脈における語句の意味に気をつけながら、筆者の考えを読み取り、自分の考えを深めること。	
8	2	**読書生活を豊かに** ・高瀬舟	・登場人物は「生きる」ということについてどのように考えているか、話し合い、自分なりの考えをもつこと。	・喜助の人生は幸福な人生と言えるのだろうか。
		・未来の私にお薦めの本		
9	2	**状況の中で** ・挨拶	・比喩や抽象的な表現に着目し、作者のものの見方や考え方をとらえ、現代社会と重ね合わせ考えを深めること。	
10	5	・故郷	・時代や社会の変化の中で、人と人との関わりについて、自分なりの考えをもつこと。	・ルントウと私の関わり方のズレはなぜ生じたのだろうか。
	3	・新聞の社説を比較して読もう	・一つの話題に関する複数の文章を読み比べ、主張や構成について評価し、ものの見方や考え方を広げること。	・なぜ見解に違いが生じるのだろうか。

11	3	**いにしえの心と語らう** ・古今和歌集仮名序 ・君待つと	・歴史的な背景に注意して和歌を読み、昔の人の心情や情景を読み味わうとともに、和歌に詠まれる自然や人間について自分の考えをもつこと。	・読み取った情景や心情を表現するには、どのように読むのがよいだろうか。
	4	・夏草	・表現の仕方や文体の特徴に着目し、芭蕉の感じたことや俳句表現について感想をもつこと。	・芭蕉の人生観が俳句にどのように表現されているのだろうか。
	1	・古典を心の中に		
12	4	**論旨を捉えて** ・作られた「物語」を超えて	・考えを表す語句や論理の展開に着目して主張を捉え、人間、社会、自然などについて自分の考えをもつこと。	・作られた「物語」は身近なところにはないだろうか。
	5	・話し合って提案をまとめよう	・社会生活の中の話題について、相手を説得するために意見を述べ合うこと。	
1	5	・説得力のある文章を書こう	・関心のある事柄について批評する文章を書くこと。	・説得力のある批評文に必要な要素はなんだろうか。
	1	・初恋	・語句の効果的な使い方や表現の工夫に注意して読み、人間、社会、自然について考え自分の意見をもつ。	
		読書に親しむ ・エルサルバドルの少女 ヘスース	・登場人物の生き方に着目して読み、人間の生き方や社会のあり方について考えること。	・ヘスースがいつも笑顔でいるのはなぜだろうか。
2	5	**未来へ向かって** ・誰かの代わりに	・現代社会の特徴を知り、可能性や困難、自分の生き方について考えること。	
	3	・わたしを束ねないで	・語句の効果的な使い方や表現の工夫に注意して読み、自分の可能性や生き方について考え、自分の意見をもつこと。	
3	6	・三年間の歩みを振り返ろう	・目的に応じて様々な文章などを集め、工夫して編集すること。	
	105			

数学科コンパス

1. 「対話する学校」における数学の役割

「数理を言葉、図、数、式、文字を用いて表現し、検討し、練り上げていく教科」

2. 3年間でつける力

⑴ 生徒につけたい教科固有の思考力・判断力・表現力（論理的思考力）

実生活や事象の中から問題を見出し、数理的にとらえ、解決する力

⑵ 数学の学び方

・習ったこととの共通点やちがいを明らかにする
・表や図を用いて、わかりやすく、見やすくする
　　　　　　　　　　　　　　　　　　　　　　比較する　分類する

・考えの根拠や出所をはっきりさせ、表現する

・見つけた性質やきまりを問題解決に活用する
・問題解決を繰り返す中で、新たな問いを見出す
　　　　　　　　　　　　　　　　　　　　　　関連づける

3. 協働の学びを活性化させるための手立て

・毎時間『今日のゴール』の設定⇒3つの思考のすべ「比較する」「関連付ける」「分類する」
　を意識した『今日のゴール』の設定
・【ジャンプ問題】につながる【共有の問題】の提示
・自分のわからなさを追究できる【ジャンプ問題】の設定
・ICTの活用
　⇒パワーポイントを用いて、問題を把握する。
　⇒タブレットを用いて、図形やグラフを比較、関連付ける。
・マインドマップを再構成して、単元で学んだことを振り返る。また、他の単元と関連付け
　ながらマップの再構築をする。
〈筋道立てて考え気づいたことを正確に伝える場面設定〉
・【共有の問題】で解決方法を共有するための対話
・【ジャンプ問題】を解決するための対話
　→発信することで、自分も友もわからなさを追究する場面設定

数学科コンパスα

「対話する学校」における数学科の役割

「数理を言葉、図、数、式、文字を用いて表現し、検討し、練り上げていく教科」

3年間でつける力

○生徒につけたい教科固有の思考力・判断力・表現力（論理的思考力）

実生活や事象の問題を見出し、数理的にとらえ、解決する力

3年生
実生活の事象を
論理的・統合的・発展的に
考察し、数学を活用する
見方・考え方

2年生
数学的な推論の過程に着目し、
論理的に考察し、的確に表現する
見方・考え方

1年生
数の範囲を拡張し、文字を用いることで
数量の関係や法則、図形の性質などを
抽象的に捉える見方・考え方

〈数学科のプロセスモデル〉

【学んだ意味化を図る過程】
③学んだことをマインドマップに再構成し、単元の核心を捉え直す

「学びの意味化を図る
手立て」
・マインドマップの再構成
⇒他の単元と関連付けたマップの再構築

【核心への理解を深める過程】
②身につけつつある知識・技能を活用することで、思考力、判断力、表現力を伸ばす

「対話を活性化させる
手立て」
・自分のわからなさを
追究できる【ジャンプ問題】の設定
・ICTの活用
・発信することで、自分
も友もわからなさを
追究できる場面設定

【核心をつかむ過程】
①単元の核心に迫れるように、基礎的な知識・技能を習得する

「学習の筋道の見通しを
持つために」
・3つの思考のすべを意識した『今日のゴール』の設定
・【ジャンプ問題】につながる【共有の問題】の設定
・ICTの活用

協働の学びを軸とした授業

数学科　１学年　教科シラバス

月	時	単元名	単元の核心	本質的な問い
4〜6	27	1『正の数・負の数』	『負の数まで広げた計算の意味をとらえることができる』	①正の数と負の数の違いはなんだろうか。 ②負の数の計算は、今までの計算と何がちがうのだろうか。
6〜7	19	2『文字の式』	『文字を使って数量関係や法則を考察すること』	数量や考え方を簡単、明確に表現するにはどうしたらよいだろうか。
8〜10	18	3『方程式』	『意図的に等式の性質を用いれば、解が求められること』	解を求めるために、等式の性質をどのように組み合わせればよいだろうか。
10〜11	19	4『変化と対応』	『2つの数量の対応の中に変わらないものがあること』	表、式、グラフからわかることは何か。
12〜1	19	5『平面図形』	『線や角の大きさに着目して図形を見ること』	直線や角からできる図形と円からできる図形は何か。
1〜2	20	6『空間図形』	『平面図形と関連させて立体をとらえること』	①立体の特徴をつかむためには、どのような見方があるのだろうか？ ②空間における、点、直線、面の位置関係を分類しよう。 ③立体のでき方に着目して、面積や体積を求めよう。
2〜3	15	7『資料の活用』	『目的に合わせて資料を数理的にとらえ、分析できること』	目的に合わせて資料を収集・整理し、傾向や特徴を調べるにはどうしたらよいか。

数学科　２学年　教科シラバス

月	時	単元名	単元の核心	本質的な問い
4〜5	14	1『式の計算』	『2種類の文字で数量関係や法則を考察すること』	未知数が2つあるとき、数量や考え方を明確に表現するにはどうしたらよいだろうか
5〜7	15	2『連立方程式』	『意図的に等式の性質を用いれば、文字を消去し、解が求められること』	文字が2つあるとき、解を求めるためには、等式の性質をどのように組み合わせればよいだろうか。
7〜9	21	3『一次関数』	『一次関数の関係を変化の割合を用いて説明できること』	『ともなって変わる2つの数量の変化の割合が一定である』ことを、表、式、グラフを用いて説明しよう。

月	時	単元名	単元の核心	本質的な問い
10〜11	18	4 『図形の調べ方』	『平行線と多角形の基本的な性質をとらえること』	①平行線と角の間には、どのような性質があるのだろうか。②平行線と角の関係を使って、多角形の性質を説明しよう。③あることがらが正しいことを示すための方法を知ろう。
12〜2	20	5 『図形の性質と証明』	『三角形や平行線の性質をもとに、筋道立てて図形の性質を明らかにすること』	三角形や四角形の性質を明らかにするために、何に着目したらいいだろうか。
2〜3	14	6 『確率』	『物事の起こりやすさを場合の数を使って表現すること』	確率はどのように表現することができるだろうか。

数学科　3学年　教科シラバス

月	時	単元名	単元の核心	本質的な問い
4〜5	20	1 『式の展開と因数分解』	『目的にあわせて式変形をすることで、数量関係や法則を考察すること』	多項式の展開と因数分解の間にあるきまりはなんだろうか。
5〜7	16	2 『平方根』	『平方根には、有理数で表せるものと表せないものがあること』	①有理数で表せるものと表せないものの違いはなんだろうか。②有理数で表せるものと表せないものの計算の違いはなんだろうか。
7〜9	14	3 『二次方程式』	『次数に着目して、等式の性質と既習事項を関連付ければ、解を求められること』	2次の項を含む方程式の解を求めるためには、どうすればよいだろうか。
9〜10	16	4 『関数 $y=ax^2$』	『既習の関数と比較して、特徴を説明できること』	関数 $y=ax^2$ は、今まで学習した関数と何が違うか、表、式、グラフを用いて説明しよう。
10〜11	26	5 『図形と相似』	『大きさを変えても変わらないものがあること』	拡大縮小の中で、対応する辺や角の関係はどうなっているのだろうか。
12	11	6 『円の性質』	『円周角と中心角の間には一定の関係があること』	円の中にある2つの角の関係はどうなっているのだろうか。
12〜1	14	7 『三平方の定理』	『三平方の定理を使うために、直角三角形を見出すこと』	三角形の辺と直角の間にはどのような関係があるのだろうか。
1〜2	7	8 『標本調査』	『一部の様子から全体の傾向を類推できること』	全体の傾向を類推するためには、何に注目すればよいだろうか。

社会科コンパス

1. 「対話する学校」における社会科の役割

> 世界とつながり、公民としての生き方を考える教科

2. 3年間でつける力

(1) 生徒につけたい教科固有の思考力・判断力・表現力（論理的思考力）

> 社会事象を多面的・多角的にとらえ、考える力
> 　～「自己（自分）」と「他者（友だち）」と「事象（資料、出来事など）」との対話により～

(2) 社会科の学び方

> ・資料などを見て、分かったこと、分からないことを伝え合おう。
> ・複数の友だちに（資料などの）見方、読み取り方を聴こう。
> ・グループの活動の中から得たものを自分がわかるようにまとめよう。
> 　（文章で、関係図で、思考ツールで、その他の方法で・・・）
> ・学んだことを「ものがたり」や「ホワイトボードへの図式化」を通して、再構築しよう。

3. 協働の学びを活性化させるための手立て

> ・様々な見方や考え方に触れられる色々なグループで学び合う。
> ・考える手立て『思考ツール』を使ってわかりやすく整理する。
> ・追究する内容が見える『今日のゴール』の設定。
> ・充分に対話できる時間をしっかりととる。
> ・追究の手助けとなる資料をもとに考える。
> 〈筋道立てて考え気づいたことを正確に伝える場面設定〉
> 「単元を通した学習問題」を設定する場面で
> ・提示資料に対して、社会事象を**比較**して疑問を持つ。
> ・過去の学習内容と**関連付け**て、学習問題に対して予想をする。
> ・ホワイトボードに、グループで出た考えを**分類したり**、**関連付けたり**して予想をまとめる。
> 予想に基づいて資料を読み解き、今日のゴールに対する答えを考える毎時間の授業場面で
> ・資料を**関連付け**て、社会事象に対する答えを考え合う。
> ・友だちの考えと**比較**して、自分の答えを再考する。
> ・資料から読み取れることを、共通点や相違点を、いくつかの領域に**分類**する。
> 「単元を通した学習問題」の答えを導き出す場面で
> ・単元で学んできたことを**関連づけ**て、ホワイトボードに図式化する。
> ・友だちの考えと**比較**しながら、答えをふくらませていく。
> ・予想と**比較**して、予想との違いがあったときには、その違いが何によって生じたのか考える。

社会科コンパスα

「対話する学校」における社会科の役割

> 世界とつながり、公民としての生き方を考える教科

3年間でつける力

○生徒につけたい教科固有の思考力・判断力・表現力（論理的思考力）

> 社会事象を多面的・多角的にとらえ、考える力
> 　～「自己（自分）」と「他者（友だち）」と「事象（資料、出来事など）」との対話により～

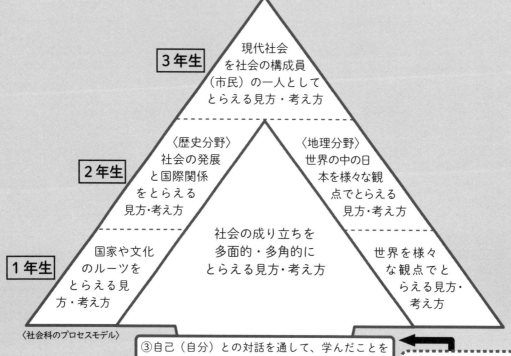

〈社会科のプロセスモデル〉

3年生
現代社会を社会の構成員（市民）の一人としてとらえる見方・考え方

2年生
〈歴史分野〉社会の発展と国際関係をとらえる見方・考え方
〈地理分野〉世界の中の日本を様々な観点でとらえる見方・考え方

1年生
国家や文化のルーツをとらえる見方・考え方
社会の成り立ちを多面的・多角的にとらえる見方・考え方
世界を様々な観点でとらえる見方・考え方

③自己（自分）との対話を通して、学んだことを「ものがたり」や「ホワイトボード」の中に再構築し、単元の核心をつかむ。（学びの意味化）

②他者（友だち）との対話の中で、事象について自分にはない見方や新たなとらえ方に触れ、考えを深める

①事象（資料・出来事）との対話の中で、わかることとわからないことについてはっきりさせ、学習の筋道の見通しを持つ。

協働の学びを軸とした授業

「学びの意味化を図る手立て」
・学んだことを「ものがたり」作文や「ホワイトボード」にまとめることを通して、単元の核心を自己の生き方に位置付ける活動の実施

「対話を活性化させる手立て」
・様々な見方や考え方に触れることのできるグルーピング
・思考ツールを通した、思考のすべ「比較する」「分類する」「関連付ける」の意識付けと活用。

「学習の筋道の見通しを持つために」
・『単元を通した学習問題』の設定。
・毎時間の『今日のゴール』の設定

社会科　１学年　シラバス

月	時数	単元名	単元の核心	本質的な問い
4	⑤	オリエンテーション①		
		「世界の姿」⑦	世界の姿をとらえること。	・私たちのくらす地球をどのように見ることができるだろうか。
5	⑪	「世界各地の人々の生活と環境」⑨	世界各地の人々の風習や文化を共感的にとらえること。	・世界にはどのような気候があって、それに合わせてどのような暮らしをしているのだろうか。
6	⑩	「歴史の流れをとらえよう」⑤	おおまかな歴史の流れをとらえること。	・現代まで日本の歴史にはどのようなことがあっただろう。
7	⑧	「世界の古代文明と宗教のおこり」⑥	人類の広がりを技術革新と関連付けてとらえること。	・どのようにして、世界中で人類が暮らすようになったのか。
		「日本列島の誕生と大陸との交流」④	日本という国が形成された背景を大陸との関わりの中でとらえること。	・日本という国はどのようにして成り立ったのだろうか。
◎１学期期末テスト				
8	②	「古代国家の歩みと東アジア世界」⑧	政治制度の確立を東アジアとの関わりの中でとらえること。	・日本の政治制度はどのようにして整えられていったのだろうか。
9	⑩	「アジア州」⑦	経済成長を人口・資源・他地域との結びつきの面からとらえること。	・アジア州では、なぜ急速な経済成長が進んでいるのか。
10	⑩	「ヨーロッパ州」⑥	地域主義を産業・文化・経済格差の面からとらえること。	・ヨーロッパ州では、なぜ国境を超えた繋がりを深めているのか。
11	⑩	「アフリカ州」⑤	貧困問題を環境・経済・国際支援の面からとらえること。	・アフリカ州からなぜ貧困がなくならないのか。
◎２学期中間テスト				
		「北アメリカ州」⑤	産業の発達を農業分布と工業の変化の面からとらえること。	・アメリカ州では、なぜ産業が盛んなのだろうか。
12	⑧	「南アメリカ州」⑤	持続可能な開発を産業や環境保全面から説明できること。	・南アメリカ州では、なぜ環境破壊が止まらないのか。
◎２学期期末テスト				
		「オセアニア州」⑤	多文化社会を歴史と他地域との結びつきの視点からとらえること。	・オセアニア州では、なぜアジアの地域と結びつきが強まっているのか。
1	⑩	「武士の台頭と鎌倉幕府」⑦	武家政権の成長を武士の社会的地位の変化と関連付けてとらえること。	・武士はどのように台頭してきたのか。
2	⑩	「東アジア世界との関わりと社会の変動」⑨	社会のしくみの変化の様子を東アジアと関連付けてとらえること。	・武士は他の勢力とどのように関わってきたのだろうか。
◎３学期期末テスト				
3	②	「ヨーロッパ人との出会いと全国統一」⑦	織田・豊臣の統一事業をヨーロッパの世界進出と関連付けて説明できること。	・鉄砲やキリスト教は、なぜ日本に伝わったのか。
96＋テスト解説4＋予備5 = 105				

社会科　2学年　シラバス

月	時	単元名	単元の核心	本質的な問い
4	⑤	オリエンテーション①		
5	⑪	「江戸幕府の成立と鎖国」⑤	安定した政治制度について、内政・外交・身分制度の面からとらえること。	・江戸幕府はどのようにして、260年続く政治を行ったのか
6	⑩	「産業の発達と幕府政治の動き」⑧	社会の停滞を、多面的・多角的にとらえること。	・社会は安定したのに、なぜ行きづまりを迎えたのか。
		「世界から見た日本の自然環境」⑥	日本の自然環境の特色を世界と比較し、とらえなおすこと。	・世界と比べると日本の自然環境にはどのような特色があるのか。
		「世界から見た日本の人口」③	日本の人口の特色を世界と比較し、とらえなおすこと。	・世界と比べると日本の人口にはどのような特色があるのか。
		◎1学期期末テスト		
7	⑧	「世界から見た日本の資源・エネルギーと産業」⑥	日本の産業の特色を世界と比較してとらえなおすこと。	・世界と比べると日本の産業にはどのような特色があるのか。
8	②	「世界と日本の結びつき」③	日本の交通の特色を世界と比較してとらえ直すこと。	・世界と比べると、日本の交通にはどのような特色があるのか
9	⑩	「北海道地方」⑥	北海道地方を、自然環境を中核として生活や産業と関連付けてとらえること。	・北海道にはどのような自然環境の魅力があるのか。
		「東北地方」⑥	東北地方を、伝統・文化を中核として、自然環境や産業と関連付けてとらえること。	・東北地方の伝統的な生活はどのように形作られたのか。
10	⑩	「関東地方」⑥	関東地方を、交通を中核として、産業や人口流動と関連付けてとらえること。	・関東地方は他地域にどのように支えられているのだろうか。
		◎2学期中間テスト		
		「中部地方」⑥	中部地方を産業の面からとらえなおすこと。	・中部地方では、なぜものづくりがさかんなのだろうか。
11	⑩	「近畿地方」⑥	近畿地方を歴史・開発を中核として、自然環境や交通網の発達と関連付けてとらえること。	・近畿地方は古くからの歴史を街づくりにどのように生かしているのか
		◎2学期期末テスト		
12	⑧	「中国四国地方」⑥	中国四国地方を、人口流動を中核として、交通網の発達や産業と関連付けてとらえること。	・中国四国地方は交通の発展によってどのような影響を受けたのか
		「九州地方」⑥	九州地方を、持続可能な社会づくりを中核として、歴史や産業と関連付けてとらえること。	・九州地方では、環境問題に対してどのような取り組みを行ってきたのか。
1	⑩	「身近な地域の調査」⑥	大町市という地域を、自然・環境・人口・産業・交通の面からとらえなおすこと。	・私たちが暮らす大町市にはどのような特色があるのだろうか。
2	⑩	「欧米の進出と日本の開国」⑧	日本の開国を、市民革命・産業革命と関連付けてとらえること。	・なぜ、ペリーは日本にやって来たのか。
		◎3学期期末テスト		
3	②	「明治維新」⑧	日本の近代化について、税・兵・教育・外交・産業と関連付けてとらえること。	・日本はこの時期にどのようにして欧米の植民地化をまぬがれたのか。
		96＋テスト解説4＋予備5＝105		

社会科　3学年　シラバス

月	時数	単元名	単元の核心	本質的な問い
4	⑧	オリエンテーション①		
		◎第1回復習テスト		
		「日清・日露戦争と近代産業」⑦	日本の帝国主義化について、欧米・アジアと関連付けてとらえること。	・日本はどのようにして、欧米と肩を並べるほどに成長したのか。
5	⑬	「第1次世界大戦と日本」⑨	大正デモクラシーについて第一次世界大戦前後の国際情勢と関連付けてとらえること。	・第一次世界大戦の後、世界はどのように変わっていったのか。
6	⑬	「世界恐慌と日本の中国侵略」⑦	日本のアジア侵略について、恐慌に対する対応と関連付けてとらえること。	・なぜ、民主化が進んだ国家で独裁者が現れたのか。
		「第2次世界大戦と日本」⑥	第二次世界大戦について関わったそれぞれの国の立場からとらえること。	・原爆投下に肯定論と否定論があるのはなぜか。
		「戦後日本の発展と国際社会」⑨	日本の経済成長を、冷戦の影響と関連付けてとらえること。	・日本はどのようにして世界第三位の経済大国になったのか。
7	⑫	「新たな時代の日本と世界」⑤	現代日本の役割について経済・国際平和・環境などの視点からとらえること。	・現代日本は世界からどのような国として見られているだろうか。
		◎第2回復習テスト		
		「現代社会の特色と私たち」⑤	現代社会の特色をグローバル化・情報化・少子高齢化の視点からとらえること。	・現代日本を表すキーワードは何だろうか。
8	⑥	「私たちの生活と文化」④	文化の多様性をその意義や生活の影響の視点からとらえること。	・伝統とは変わるべきか、変わらないべきか。
9	⑬	「現代社会の見方や考え方」⑤	対立から合意にいたる方法を、効率や公正の観点からとらえること。	・私たちは対立という状態になったとき、どのように合意すればよいのか。
		◎第1回総合テスト		
10	⑬	「個人の尊重と日本国憲法」 ・人権と日本国憲法⑤ ・人権と共生社会⑤ ・これからの人権保障④	日本国憲法の意義について基本的人権と関連付けてとらえること。 新しい人権について、時代の変化と関連付けてとらえること。	○人権はいつからいつまでもつことができるのか。 ・憲法は人権をどのように守っているのか。 ・新しい人権はなぜ生まれたのだろう。
		◎第2回総合テスト		
11	⑬	「現代の民主政治と社会」 ・現代の民主政治⑤ ・国会の仕組み③ ・行政の仕組み③ ・裁判の仕組み③ ・地方自治と私たち⑤	民主政治について三権分立と関連付けてとらえること。 民意の反映について、立法・行政・司法の仕組みと関連付けてとらえること。地方の政治の仕組みについて、日本の政治と比較してとらえること。	○選挙が違憲だと、何が問題なのか。 ・内閣総理大臣になるには、どうすれば良いか。 ・日本は議院内閣制と大統領制どちらがよいか。 ・裁判員制度はなぜ始まったのか。 ・地方自治はなぜ「民主主義の学校」と呼ばれるのか。
		◎第3回総合テスト		

12	⑫	「消費生活と経済」⑤	消費生活について、流通や消費者主権の仕組みと関連付けてとらえること。	・自立した消費者になるためには、どのようなことを大切にしなくてはいけないのだろうか。
		「生産と労働」⑤	生産と労働の関係について、資本主義経済の仕組みと関連付けてとらえること。	・フリーターという生き方を選ぶ人が増えているのはなぜか。
		◎第4回総合テスト		
		「価格の働きと金融」⑦	市場経済について、需要と供給の仕組み・貨幣・金融の役割と関連付けてとらえること。	○価格とは誰のためのものなのだろう。 ・ものの価値はどのように決まっているだろうか。 ・なぜお金をつくってはいけないのだろう。
1	⑬	「政府の役割と国民の福祉」⑤	国や地方の経済活動について税の意義と福祉の視点からとらえること。	・政府はなぜ、税金を上げたり下げたりするのだろう。
		◎第5回総合テスト		
		「これからの経済と社会」④	これからの経済活動について、環境・グローバル化・地域の在り方と関連付けてとらえること。	・日本は大きな政府・小さな政府どちらへ向かっていくべきか。
2	⑬	○地球社会とわたしたち ・国際社会の仕組み⑤ ・様々な国際問題⑤ ・これからの地球社会と日本⑤	国と国との関係について、国連・地域主義・格差の観点からとらえること。 国際課題について、地球環境・資源・エネルギー・貧困の視点からとらえること。 これからの社会を生きる自分の役割を、多面的・多角的にとらえること。	○日本は、国連の常任理事国になるべきか。 ・国際連合とはどのような組織だろう。 ・世界が抱える諸問題をどうしたら解決できるのだろうか。 ・これからの社会を生きる私たちは、どんなことを大切にすればいいのだろうか。
		◎第6回総合テスト		
		社会科のまとめ②		
3	③	演習問題		
		135（テスト解説8含む）＋予備5 ＝ 140		

理科コンパス

1. 「対話する学校」における理科の役割

> 自然を慈しむ心、探究する心を育てる教科

2. 3年間でつける力

(1) 生徒につけたい教科固有の思考力・判断力・表現力（論理的思考力）

> 自然の事象について根拠を持って考え、説明できる力
> ～「自然事象」と「自分」と「仲間（グループ）」との対話を通して～

(2) 理科の学び方

- 観察や実験が安全に行えるよう、注意事項を守りながら活動しよう
- そのようになる根拠を見つけ合いながら友達とともに粘り強く考えよう
- 友達のどんな発見でも大切に受けとめ、そう考えた理由を聴こう
  「～って何？」「どうして？」「どうやって？」「たとえば？」「もし、～だったら？」
- みんなで考え、みんなでできるようになっていこう
- 到達したい目標を持って授業をうけよう

3. 協働の学びを活性化させるための手立て

- みんなで考えた意見が記入できるようにホワイトボードなどを利用する
- 生徒が根拠をもって語り合う中で結論へ到達できる今日のゴールの設定
- 思考ツールを用いて自分の考えた道筋を明らかにする
- OPP（1枚ポートフォリオ）シートやコンセプトマップで1時間ごとの学習をアウトプット（外化）する

〈筋道立てて考え気づいたことを正確に伝える場面設定〉
3つの思考のすべ「比較する」「分類する」「関連づける」を使いながら
- ルーブリック評価を用いることで、この1時間で自分がどの段階にまでたどりつきたいか明確にして学ぶことができるようにする
- 班ごと実験結果を持ち寄り、対話しながら一つの結果を導き出す場面
- 実験についての考察を班内で出し合い、お互いの考えを伝え合う場面

理科コンパスα

「対話する学校」における理科の役割

自然を慈しむ心、探究する心を育てる教科

3年間でつける力

○生徒につけたい教科固有の思考力・判断力・表現力（論理的思考力）

自然の事象について根拠を持って考え、説明できる力
※探究の術：分類する・比較する・関連付ける　※科学的視点：質・量・時間・空間・多様性・共通性

3年生

見通しをもって観察，実験などを行い，その結果（や資料）を分析して解釈し，【特徴，規則性，関係性】を見いだして表現すること。また，探究の過程を振り返ること。

2年生

見通しをもって解決する方法を立案して観察，実験などを行い，その結果を分析して解釈し，【規則性や関係性】を見いだして表現すること。

1年生

問題を見いだし見通しをもって観察，実験などを行い，【規則性，関係性，共通点や相違点，分類するための観点や基準】を見いだして表現すること。

〈理科のプロセスモデル〉

③自己との対話の中で、学んだことを物語作文やOPPシート等で整理し、今の学びと身近な自然事象や科学技術との関わりを見いだし、表現する。

②仮説を持って実験・観察を行い、先生や友達と対話しながら、実験・観察の結果を思考のすべ「分類する」「比較する」「関連付ける」を用いて考察し、相手に考えを説明する中で自分の考えを深める。

①課題に出会い、それを解決するために実験や観察を行ったり、資料を調べたりしながら課題に対する仮説（追究の見通し）をもつ。

協働の学びを軸とした授業

「対話を活性化させる手立て」

・必然性・切実感のある課題設定
・説明活動の充実
・実験の複線化
・ホワイトボードの利用
・思考ツールを活用して、考えの道筋をわかりやすくする
・電子黒板、タブレット等のICTの活用

「学びの意味化を図る手立て」

・OPPシートでの外化とBefore＆Afterでのメタ認知的活動
・コンセプトマップによる知識の整理
・物語作文によるつながりの確認
・ルーブリック評価

「学習の筋道の見通しを持つために」

・単元を貫く学習問題の設定
・各時間のゴールの設定

理科シラバス　Ⅰ学年

月	時	単元名		小単元の核心	本質的な問い
4	10	植物の世界	花のつくりとはたらき	花のつくりを観察し、種子（大切な子孫）を残すための役割と関連付けて考えていくこと	花が咲いて種子が完成するまでを順序良く説明しよう
5	10		葉、茎、根のつくりとはたらき	光合成，蒸散のはたらきを、葉，茎，根というつくりの中を移動する気体や水と関連付けて考えること	植物が成長するとき、そのからだではどのようなことが起こっているのだろうか
6	9		植物の分類	植物のつくりの観察から、比較することで共通性と多様性に気づき分類すること	植物のからだの特徴に注目してグループに分類してみよう
7	10	身のまわりの物質	身の回りの物質とその性質	身近な物質の性質を化学的に調べ、比較することで、その共通の性質や固有の性質から、物質を特定したり見分けたりすること	身のまわりの金属を密度で分類してみよう 白い粉末の性質をもとにして正体を探ろう プラスチックを性質をもとにして分類してみよう
8	6		気体の性質	気体の性質を調べ、気体の種類による特性を見いだすとともに、気体を発生させる方法や技能を身につけること	気体の特徴を表にまとめて、似ている点や異なる点を説明しよう
9	8		水溶液の性質	粒子モデルをつかって、水溶液中の溶質の様子を表すこと	ビーカーの中のミョウバンが、溶けずに大きくなっていくのはなぜだろう
10	6		物質の姿と状態変化	・状態変化するときの物質の体積や質量の変化について、粒子モデルを用いて説明すること ・状態変化する温度をもとに、物質を特定したり、混合物を分けたりすること	物質が姿を変えるとき、物質を作っている粒子はどのような状態になっているのだろう 混合物を状態変化させて、元の物質をとりだせることを説明してみよう
11	7	身のまわりの現象	光の世界	鏡やレンズによる光の進み方の変化と、ものの見え方の変化を関連付けて考えること	ガラスや水など透明の物質が関係すると、物の見え方が変わるのはなぜだろう
	6		音の世界	音波の振動数や振幅の大きさと音の高低大小を関連付けて考えること	振動の仕方をかえると音ににどのような違いがでてくるのかを説明してみよう
12	12		力の世界	見えない力のはたらきを、力によって起こる現象と関連付けて考えること	日常生活の中で、力が加わっている物をさがそう。それらの力は、どんなはたらきをしているのだろうか。また、力の加わり方をどう上手く利用しているのだろうか
1	7	大地の変化	火をふく大地	火山の形、火山噴出物の形状や火成岩の組織の違いなどを、マグマの性質や成因と関連付けて考えること	火山とはどんな山なのだろうか。私たちの生活にどんな影響をあたえているのだろうか
2	5		動き続ける大地	地震の記録から、地震のゆれの伝わり方の規則性を見いだすこと	地震はなぜ起こるのだろうか。私たちの生活にどんな影響をあたえているのだろうか
3	9		地層から読み取る大地の変化	地層や化石から、大地の歴史を解き明かすこと	海から遠く離れた山の上にある地層から、海の生物の化石が見つかるのはなぜだろうか
	105				

理科シラバス　2学年

月	時	単元名		単元の核心	本質的な問い
4	9	化学変化と原子分子	物質の成り立ち	物質は原子や分子からできていることを理解すること	物質の元は何からできているのだろうか
	9		物質どうしの化学変化	化学変化を原子や分子のモデルで説明できること	物質が結びついたり、分かれたりすることを、粒子のモデルを用いて説明してみよう
5	6		酸素がかかわる化学変化	酸素原子の結びつきやすさで酸化・還元反応が説明できること	物がもえることを、物質の化学変化で説明してみよう
	8		化学変化と物質の質量	化学変化の前後での質量の総和が等しいこと、反応する質量の間には一定の関係があること	化学変化が起こる前と後では、物質全体の質量は変化するだろうか
6	4		化学変化とその利用	化学変化には熱の出入りがともなうこととエネルギーの大きさを関連付けて考えること	化学変化の熱の出入りを利用しているものには、生活の中で何があるだろうか
7	8	動物の生活と生物の変遷	生物と細胞	生物は細胞からできていること、植物・動物の細胞のつくりの特徴を見出すこと	動物や植物の細胞のつくりで、共通する点と異なる点を探そう
	16		動物のからだのつくりとはたらき	体の中の様々な器官のはたらきと生命を維持することを関連付けて考えること	動物が生きていくために、からだの中でのどこでどのような活動を行っているのだろうか
8	11		動物の分類	動物のからだのつくりから、共通性、多様性に気づき分類すること	動物の分類をするときには、どのような点に注目すればよいだろうか
9	7		生物の変遷と進化	動物が進化してきた道筋を、体のつくりや化石をもとにして考えること	哺乳類はどんな道筋をたどって進化してきたのだろうか
10	6	電気の世界	静電気と電流	静電気や電流の流れを電子の移動と関連付けて考えること	電流とは、何が流れているものだろうか
11	14		電流の性質	回路の電流、電圧、抵抗の規則性を見出すこと	回路に加える電圧と流れる電流には、どのような関係があるのだろうか
	4			電流によって取りだされる光や熱エネルギーとの関連を見出すこと	電気エネルギーは何に変換され、何に利用されているのだろうか
12	14		電流と磁界	モーターや発電機のしくみを、電流、磁界、力と関連付けて考えること	電気はどのようにしてつくられ、どのように利用されているのだろうか
1	8	天気とその変化	気象観測と雲のでき方	空気中の水蒸気量が気温によって変化することと、雲ができたり消えたりすることを関連付けて考えること	雲はどのようにしてでき、雨を降らせるのだろうか
2	8		前線とそのまわりの天気の変化	前線の通過と天気の変化を関連付けて考えること	温帯低気圧の通過前後での大気の変化の違いについて探ろう
3	8		大気の動きと日本の天気	気団の勢力の変化と、四季の天気の特徴を関連付けて考えること	日本の四季の特徴的な天気は、何の影響を受けて生じているのだろうか
	140				

理科シラバス　３学年

月	時	単元名		単元の核心	本質的な問い
4	8	化学変化とイオン	水溶液とイオン	電解質の水溶液の電気分解をイオンと関連付けて考えること	電気分解で決まった極に決まった物質が発生するのはなぜだろうか
	8		化学変化と電池	2種の金属と電解質水溶液によって電圧が生じる仕組みを、エネルギーの変換や身近な電池と関連付けて考えること	2種類の金属板と電解質水溶液で電池になることを、四コマ漫画や物語で表してみよう
5	10		酸とアルカリ	酸、アルカリや、中和の仕組みをイオンと関連付けて考えること	塩酸と水酸化ナトリウムを混ぜると塩化ナトリウムができるのはなぜだろうか
6	13	生命の連続性	生物の成長と生殖	生物の成長や生殖を、細胞分裂の時の染色体の数や種類の変化と関連付けてとらえること	無性生殖が有性生殖よりも有利な点や不利な点はどんなところだろうか
7 8	10		遺伝の規則性と遺伝子（生物の種類の多様性と進化）	生命の連続性の中で起こる様々な変化を、遺伝子や形質と関連付けて考えること	親にある形質が子に現れないことがあるのはなぜだろうか
	12	運動とエネルギー	物体のいろいろな運動	運動の様子の変化を実験結果から読み取り、そこにはたらく力と関連付けて考えること	だんだん遅くなる運動や等速直線運動をつくるには、台車にどんな力を加えればいいだろうか
9	6		力の規則性	力の合成・分解、慣性の法則など力に関する規則性を根拠に、物体にはたらいている力を見つけられること	荷物を持つ力を小さくするには2人の距離はどうあればいいだろうか
	10		エネルギーと仕事	エネルギーが変換され形を変えながら保存されていること 日常生活や社会と関わらせてエネルギーを考えること	発電機を回した数と同じだけつないだモーターが回らないのはなぜだろうか
10	10	地球と宇宙	宇宙の広がり	地球で観測できる様々な天体を、宇宙の構造と関連付けて考えること	宇宙の中で自分のいる場所をどうやって説明すれば良いだろうか
	11		天体の動きと地球の自転・公転	太陽や天体の日周運動や年周運動を、地球の自転や公転と関連付けて考えること	なぜ観測する日時によって太陽や星座の位置は変化するのだろうか
	6		月と惑星の見え方	観察や資料によって得られた月や金星の見え方や動きを、太陽系の構造と関連付けて考えること	夕日が沈むときに東の空に上ってくる月はどんな形の月だろうか 金星の大きさや形が変化するのはなぜだろうか
12	8	地球と私たちの未来のために	自然の中の生物	植物、動物、及び微生物を、生物同士の関係や生物と環境の関係、食物連鎖に関わる物質の移動の面からとらえ直すこと	食物連鎖のつながりの中を炭素はどのように移動しているだろうか 生態系のバランスは生物どうしの関係の中でどのように保たれているのだろうか
1	5		自然環境の調査と保全	環境調査を元にして、環境が変化する要因を、自然界のつりあいに対する影響との関係でとらえること	自然と人間が共存していくには、どんな工夫が必要だろうか
2	10		科学技術と人間	地球環境問題や科学技術について調べ、持続可能な社会を構築する上で必要なことについて自分の考えを持つこと	人間は科学技術とどのようにつきあっていけば良いだろうか
3	13		発展的な問題（入試対策）		
	140				

音楽科コンパス

1. 「対話する学校」における音楽科の役割

生涯にわたって音楽に親しむために感性をみがく教科

2. 3年間でつける力

(1) 生徒につけたい教科固有の思考力・判断力・表現力（論理的思考力）

・楽曲の良さや美しさを感じとり、工夫して音楽表現する力
・根拠をもって自分なりに音楽の良さを言葉にする力

〜「音楽」と「自分」と「仲間」との対話より〜

(2) 音楽の学び方

♪楽曲と向き合い、自分の思いや考えをもつ
♪仲間の感じ方や考え方の良さに気づき、お互いの思いを共有したり、違いを認めあったりする
♪仲間の歌声や楽器の音に耳を傾け、自分の歌声や音を重ねる

3. 協働の学びを活性化させるための手立て

・様々な考えや表現技能を持った仲間とのグルーピング
・興味や達成感の持てる題材の開発と提供
・終末場面での振り返り
・思考ツールやICTの有効な活用
・タブレットを使った表現活動
・思考のすべ「比較する」「関連付ける」「分類する」の利用
　（特に、様々な楽曲、音楽の要素、演奏の仕方との比較）
〈筋道立てて考え気づいたことを正確に伝える場面設定〉
・自分の思いや意図、気づいたことを発表する時間をとる。

音楽科コンパスα

「対話する学校」における音楽科の役割

生涯にわたって音楽に親しむために感性をみがく教科

3年間でつける力

○生徒につけたい教科固有の思考力・判断力・表現力（論理的思考力）

・楽曲から聴き取ったり理解したりしたことと楽曲から感じ取った良さや美しさとを関わらせて工夫して音楽表現する力
・根拠をもって自分なりに音楽の良さやおもしろさ、美しさを言葉にする力

～「音楽」と「自分」と「仲間」との対話より～

2・3年生
他者との対話の中で、
自分にはない見方や考え方に触れ、
考えや思いを更に深め、
音楽表現を工夫する。
また、その音楽の魅力を自分の言葉で語る。
音や音楽を、自己のイメージや感情、生活や社会、
伝統や文化などと関連付ける考え方

1年生
音楽に対する感性を働かせ、音や音楽を、
音楽を形づくっている要素とその働きの視点で捉え、
自己のイメージや感情、生活や社会と関連づける考え方。

〈音楽科のプロセスモデル〉

③自己（自分）との対話を通して、思考の記録を再構築する。

「学びの意味化を図る手立て」
・自分の見方、考え方の変化を確認できる学習カードの工夫（マインドマップやコンセプトマップの利用）
・自分なりの根拠をもって音楽を批評する場面の設定

②楽曲や、仲間との対話の中で、自分にはない見方や考え方に触れ、考えや思いを深め、更に幅広い表現活動や鑑賞活動を目指す。

「対話を活性化させる手立て」
・生徒の生活と結びつける教材化
・鑑賞活動の充実（比較鑑賞・日記や紹介文や批評文、マインドマップなどまとめ方の工夫）
・創作活動での発表の場の設定
・思考ツールやICTツールの活用
・ミニホワイトボードの活用
・思考のすべ「比較する」「分類する」「関連付ける」の利用

①題材の見通しを持ち、自己や楽曲と向き合う。

「学習の筋道の見通しを持つために」
・ICTツールの有効な活用
・題材の見通しが持てる学習カードの工夫

協働の学びを軸とした授業

Ⅰ学年　音楽科シラバス

月	時	題材名	題材の核心	本質的な問い
4	4	オリエンテーション **歌唱**　体の使い方を意識してさわやかに歌おう！ ・発声・校歌・生徒会歌など	・呼吸や口の中の空間、お腹の支え等を意識することで伸びやかに歌うことができること	・どんな歌い方が伸び伸び歌えるだろう
5 6	4	**鑑賞**　名曲を味わおう。		
		①曲想の変化を感じ取ろう！ ・春（第1楽章）	・情景と旋律やリズム、強弱とのかかわりを感じ取って、言葉で説明すること	・情景が変わると旋律やリズム、強弱はどう変化しているだろう
		②詩の内容と曲想の関わりを感じ取ろう！ ・魔王	・詩の内容と曲想が密接に結びついていること	・歌詞の内容が変わると音楽はどのように変化しているだろう
6	2	**歌唱** 情景を思い浮かべながら表情豊かに歌おう ・浜辺の歌	・拍子（6/8）も曲の雰囲気を表すための大事な要素であること	・流れるようなこの曲の良さはどんな音楽の要素から感じられるのだろう
6 7 8 9	8	**歌唱・鑑賞（音楽会に向けて）** 合唱する楽しさを味わおう！ ・クラス合唱・学年合唱 ・全校合唱	・混声合唱の響きを感じ、強弱に着目し音楽表現をすることにより、どんな効果があるかを知ること	（表現の工夫をした後で） ・どうして音楽が今までよりも良いものになったのだろう？
10	4	**鑑賞**　イメージをもたらす音楽の秘密を探ろう！ ・映画音楽「ジョーズ」他	・イメージと様々な音楽の要素とが結びついていること	・音楽の要素のどんな工夫で○○の場面は△△のようになっているのだろう
11 12	6	**創作**　歌ってたたこう！ ・リズム創作	・楽曲の中のリズムの役割を理解し、自分でも考えられること	・このリズムは終わった感じ？続く感じ？
12	3	**鑑賞** アジア各地の音楽に触れよう 日本の民謡に親しもう	・国によって発声法や楽器の音色が違うことに気付く ・音楽の特徴をその背景となる文化・歴史や他の芸術と関連付けること	・それぞれの国の音楽の違いは何だろう
12 1	8	**器楽・鑑賞** 日本の伝統音楽に親しもう① ・箏「さくらさくら」 ・箏曲「六段の調」	・日本の音楽には、「平調子」や「間」、「余韻」が関わっていること	・なぜ箏の音楽は、日本らしさを感じられるのだろう
2 3	6	**歌唱** フレーズのまとまりを感じながら歌おう！ ・卒業式歌など	・呼吸やフレーズに気をつけて表現を工夫して歌うこと	・どうすればまとまりのある音楽になるだろう
	45			

2学年　音楽科シラバス

月	時	題材名	題材の核心	本質的な問い
4 5	4	オリエンテーション ・発声・校歌・生徒会歌 **歌唱** 曲の構成を感じ取り、パートの役割を理解して合唱しよう ・夢の世界を・翼をください	・合唱には、それぞれのパートに役割（主旋律、対旋律、和音など）があることを理解すること	・何がまとまりのある音楽にさせているのだろう
5	2	**鑑賞** 曲の構成を理解して名曲を味わおう① ・フーガト短調	・フーガには旋律が追いかけるように重なり合って発展していくおもしろさがあること	・フーガにはどんなおもしろさがあるだろう
5 6	2	**歌唱** 情景を思い浮かべながら、言葉を大切にして歌おう ・夏の思い出	・歌詞が持っている抑揚とリズムとの関わりについて気付くこと	・歌詞とリズムはどのように関わっているだろう
6 7 8 9	8	**歌唱・鑑賞（音楽会に向けて）** 曲想や声部の役割を理解して表現を工夫しよう！ ・クラス合唱・学年合唱 ・全校合唱	・声部の役割を理解し、工夫して音楽表現をすることにより、どんな効果があるかを知ること	（表現の工夫をした後で） ・どうして音楽が今までよりも良いものになったのだろう？
10	3	**鑑賞** 曲の構成を理解して名曲を味わおう② ・交響曲第5番ハ短調	・曲の構成には、動機や形式などが関わり、曲が魅力的になっているということ	・動機はどのように変化していくだろう
		世界各地の音楽に触れ、その良さを味わおう	・音楽の特徴は、その背景となる文化・歴史や他の芸術と関わっていること	・日本の歌や楽器と違うのはどんな点だろう
11 12	6	**創作** 沖縄音階を使って旋律をつくろう！ ・5音音階を使った旋律づくり	・リズムパターンや様々な音階、旋律のつなげ方によって曲の雰囲気が変わることを感じ、旋律をつくること	・この2曲はどうして雰囲気が違う感じに聴こえるのだろう
1 2	6	**器楽・鑑賞** 日本の伝統音楽に親しもう② ・箏二重奏　・箏と尺八	・「間」や「余韻」等を意識して二重奏をすることで「合いの手」などの良さを感じ取ること	・箏二重奏の良さはどんなところにある？ ・日本音楽と西洋音楽との違い
2 3	4	**歌唱** フレーズのまとまりを感じながら気持ちを込めて歌おう！ ・卒業式歌など	・呼吸やフレーズに気をつけて表現を工夫して歌うこと	・どうすればまとまりのある音楽になる
	35			

3学年　音楽科シラバス

月	時	題材名	題材の核心	本質的な問い
4 5	4	オリエンテーション **歌唱** 情景を想い浮かべながら、言葉を大切にして歌おう！　・花	・言葉とリズム、休符のかかわり合いに気付く	・この曲には、どんな歌い方がふさわしいだろう
5 6	3	**鑑賞**　曲の背景を知って名曲を味わおう！ ・ピアノ曲「革命」・「子犬のワルツ」など	・音楽の特徴は、歴史的背景や文化と関わっていること。それらを関連づけて曲のよさや美しさを味わうこと	・楽曲と歴史的背景は、音楽のどんな要素で表されている？
6 7 8 9	8	**歌唱（音楽会に向けて）** 調性や速度の変化を生かした表現を工夫しよう！ ・クラス、学年、全校合唱	・調性や速度、テクスチュア等の変化に合わせ工夫して音楽表現をするとどんな効果があるかを知ること	（表現の工夫をした後で） ・どうして音楽が今までよりも良いものになったのだろう？
10	3	**鑑賞**　西洋と日本の違い		
		①オペラに親しみ、その音楽を味わいながら聴こう！ ・オペラ「アイーダ」	・音楽を中心として、文学、演劇、美術など様々な要素が密接に結びついた総合芸術ということを理解する	・オペラの魅力は
		②日本の伝統芸能に親しみ、その良さを味わおう ・歌舞伎「勧進帳」より	・曲種に応じた発声や言葉の特性を理解する	・歌舞伎はオペラとどのように違うだろう
10 11	5	**鑑賞・創作** CMソングをつくろう！ ※総合的な学習も参考に	・魅力的なCMソングには必ず音楽の要素の工夫がある。言葉の抑揚と旋律も関わりがあることに気付く	・このCMを口ずさんでしまうのはなぜ ・このCMが覚えやすいのはなぜ
12	2	**鑑賞**　色々な音楽を味わおう ①ポピュラー音楽 ②世界の諸民族の音楽	・音楽はその民族や国の歴史、生活と結びついている	・音楽のどんなところからその国らしさがでているか
1	5	**器楽** 表現を工夫して演奏しよう ・ギターアンサンブル	・奏法を工夫することによって表したい感じが表せることを知る	・表したい感じにするにはどんな表現の工夫をしたら良いだろう
1 2	3	**歌唱**　気持ちをこめて歌おう ・卒業式歌・学年合唱など	・曲にふさわしい表現を工夫して歌うこと	・表現したい音楽にするには
2 3	2	**鑑賞**　2人の作曲家の音楽を比較し、それぞれの曲の魅力を語ろう！ ※美術科と連携	・作曲家が生きた時代や国、文化も関連付け、様々な音楽の要素に着目して聴き、曲の良さを自分の言葉で語る	・違う国、違う時代を生きた作曲家の音楽はどんなところが違う
		耳でたどる音楽史	・音楽にも歴史があり、常に変化し続けていること	・音楽はどのように変化してきたのか

35

美術科コンパス

1. 「対話する学校」における美術科の役割

「造形的な見方考え方を働かせ生活や社会の中の美術と豊かに関わる
資質・能力を育てる教科」

2. 3年間でつける力

(1) 生徒につけたい教科固有の思考力・判断力・表現力（論理的思考力）

・表現方法を創意工夫し創造的に表現する力
・主題を生み出し豊かに発想し構想を練る力
・心豊かな生活を創造していく力」

(2) 美術科の学び方

・感じ取ったことや考えたことなどを表現につなげよう。
・伝える、使うなどの目的や機能を考えてみよう。
・形、色彩、材料を使い、様々な表現方法を試してみよう。
・自分の見方、感じ方を大切にしながら作品からよさや美しさを感じよう。

3. 協働の学びを活性化させるための手立て

・まず、ひとりでじっくり考える時間（個人追究）を大切に。
・対話（情報交換）の時間は友達の作品を鑑賞して、良いところをたくさん参考にしよう。
　　→友達の作品と自分の作品を関連付ける
・友達の作品の良いところを本人や友達に伝えよう
〈筋道立てて考え気づいたことを正確に伝える場面設定〉
・作品から受けた印象や感想をどの部分（構図・色彩など）からどのように感じたかを具
　体的に伝え合う場をつくる。

美術科コンパスα

「対話する学校」における美術科の役割

生活や社会の中の「美」と関わる力をつける教科

3年間でつける力

○生徒につけたい教科固有の思考力・判断力・表現力（論理的思考力）

新しい物や事を発想し、構想を練る力

2・3年生

・意図に応じて自分の表現方法を追究し造形的に表そうとする見方。考え方
・表現意図と造形的な工夫、機能性と洗練された美しさとの調和、美術の働きなどについて独創的総合的に考える。

1年生

・意図に応じて表現方法を工夫して表そうとする見方・考え方
・主題を生みだし豊かに発想し構想を練ったり、美術や美術文化に対する見方・考え方を広げたりしていく力

〈美術科のプロセスモデル〉

③自分との対話を通して、思考の記録を再構築し、題材の核心をつかむ。

②他者との対話の中で、自分にはない見方や新たなとらえ方に触れ、豊かに発想構想を練る。

①題材の見通しを持ち、主題を生み出す。

協働の学びを軸とした授業

「核心への理解を深める過程」
・思考ツールの活用
・様々な見方考え方ができるよういつでも対話のできる時間と場の確保
・いつでも対話できるように向き合った机の配置
・教室中央に画材置き場を設置

「学びの意味化を図る手立て」
・毎時間ごと「思考の記録」を記入する。（やったことではなく何を考えたか記入する。「〜だから〜するとうまくいくと考え〜したら○○が表現できた。」など）

「学習の筋道の見通しを持つために」
・題材の見通しが持てる学習カードの工夫
・題材の主題を生み出すための手立て

1 学年　美術科シラバス

月	時	題材名	題材の核心	本質的な問い
4 5	①	○オリエンテーション	・美術科を学ぶ意味を理解すること ・学習内容の見通しをもつこと	・美術とは何を学ぶ教科だろうか
6 7 8 8	⑫	○「一中の気になる風景」 （絵） ・一点透視の理解 ・遠近法等表現技法の理解 ・透明水彩技法 ・混色、重色の方法 ・鑑賞	・風景画の主題を生みだし豊かに発想し構想を練って制作していくこと	・主題を具現化するためには構図、着彩でどのような工夫が必要だろうか
9	⑥	○「そっくりに作る、ピーマン」（彫刻） ・対象の形を観察して描写 ・質感をとらえて形作り ・対象の色を観察して着彩	・そっくりな色と質感を再現すること	・本物そっくりなピーマンを作るために必要なことは何だろう
10 11 12	⑧	○「名前のデザイン」 （デザイン） ・レタリングの基礎知識 ・着彩指導 ・モダンテクニックの試作 ・鑑賞	・デザインセットの使い方を習得すること ・基本の技法を知ること	・ムラにならないように描写するためにはどうしたらよいだろうか
1 2	⑩	○「デザインキューブ」 （デザイン） ・モダンテクニックの活用① ・溝引きの指導 ・彩色指導 ・鑑賞	・モダンテクニックを使って表現方法を工夫し、キューブを制作すること	・着彩の順番をどのようにしたら綺麗に完成できるのだろうか
3	⑧	○「絵文字」（デザイン） ・着彩指導 ・モダンテクニックの活用② ・鑑賞	・文字から発想を広げて絵に表現すること	・自分の発想、構想を絵にするにはどの部分を絵にすればよいだろう
	45			

2 学年　美術科シラバス

月	時	題材名	題材の核心	本質的な問い
4 5 6	⑮	○「旅する靴」 （絵） ・静物画の描写 ・透明水彩技法 ・混色、重色の方法	・主題を豊かに発想する静物画の構想	・主題を具現化するためには構図、着彩でどのような工夫が必要だろうか

月	時	題材名	題材の核心	本質的な問い
7 8 9	①	○こぶし祭ポスター制作 （デザイン） ・レタリング復習 ・モダンテクニックの活用③	・ポスター表現の技法と効果について知る	・「ポスター」と「絵」は何が違うのだろうか
10 11 12 1	⑧	○「粘土でスケッチ、人物を作る」 （彫刻） ・いろいろなポーズのスケッチ ・ポーズの決定 ・塑像の基礎	・制作したいポーズを細部にこだわらずに粘土で形をとらえて制作すること	・人物の全体と部分のバランスはどうなっているだろう
2 3	⑧	○「自分のマーク」 （デザイン） ・レタリングの基礎確認 ・着彩指導 ・モダンテクニックの活用④ ・鑑賞	・自分を見つめ直し、デザインを工夫して自分のマークを制作すること	・身の回りにはどんなマークがあるのだろう ・印象に残るマークはどんなデザインだろう
	③	○「鑑賞・日本美術」 ・仏像の基礎知識 ・日本美術に対する興味づけ	・日本の美術作品に対する見方、考えを広げていくこと	・日本美術のよさはどこにあるのだろう （自分の言葉で根拠をもって伝える）
35				

3学年　美術科シラバス

月	時	題材名	題材の核心	本質的な問い
4 5 6	⑤	○「ペンで明暗を表現・校舎の一部分を描く」 （絵） ・ハッチングの技法の基本 ・構図の基礎 ・鑑賞	・美しいと感じる校舎の一部分を探して表現すること ・ハッチングの技法に慣れること	・白黒の表現だけで立体的な表現をするには明暗をどのように描きわければよいのだろう
7 8 9 10	⑫	○「自画像・15歳の自分」 （絵） ・人物表現の基本 ・透明水彩の応用 ・混色、重色の方法 ・鑑賞	・自画像の主題を生みだし豊かに発想し構想を練って制作していくこと	・自ら決め出した主題 を具現化するためには構図、着彩でどのような工夫が必要だろうか
11	①	○こぶし祭ポスター制作 （デザイン） ・レタリング復習 ・モダンテクニックの活用⑤	・構想を練ってテーマにそったポスターを制作すること	・伝えたい内容を描くには文字や色彩にどんな工夫が必要だろう
12 1 2	⑭	○「オリジナル印作り・篆刻」 （工芸） ・篆書体の基礎 ・印刀の基礎 ・篆刻の基礎 ・石彫について ・鑑賞	・篆刻のデザインを工夫して印やつまみを制作すること	・綺麗な印面にするにはどのような彫りかたをすればよいのだろう ・つまみにあった形はどんな形だろう

3		○「イメージ画」 （絵） ・抽象画について ・モダンテクニックの活用⑥ ・画材復習 ・鑑賞 ※音楽科と連携 音楽科で鑑賞教材を扱った後それ を元に抽象画を制作	・曲から受けるイメージを抽象画で制作すること	・どのような表現をすれば自分の感情を表すことができるのだろう
	③			
	35			

保健体育科コンパス

1. 「対話する学校」における保健体育科の役割

心と体をひらいて学ぶ教科

2. 3年間でつける力

(1) 生徒につけたい教科固有の思考力・判断力・表現力（論理的思考力）

運動の楽しさを創り出す力

　〜「運動」と「自分」と「仲間（グループ）」との対話より〜

(2) 保健体育科の学び方

・活動場所の安全や自他の健康状態を確認してから活動する

・できそうなことから何度もやってみる

・感じたことを伝え合い、よりよくする

・ペアやグループの活動を大切にして、お互いに高め合う

3. 協働の学びを活性化させるための手立て

・様々な考えや技能をもった仲間とのグルーピング

・生徒にとってやさしい（優しい・易しい）運動の開発

・単元のまとめで「運動と自分」をプレゼンする

・タブレットを使った運動のフィードバック

　→良い動きと比較する

・3つの思考のすべを活用する（比較・関連付け・分類）

・ルーブリックでめざす姿を生徒と共有する

〈筋道立てて考え気づいたことを正確に伝える場面設定〉

・取り組んだ運動について「運動と自分」について解説する

　（単元最後の時間）

・気づいたことを伝え合う場をつくる

保健体育科コンパスα

「対話する学校」における保健体育科の役割

心と体をひらいて学ぶ教科

3年間でつける力

○生徒につけたい教科固有の思考力・判断力・表現力（論理的思考力）

運動の楽しさを創り出す力
　〜「運動」と「自分」と「仲間（グループ）」との対話より〜

3年生
生涯にわたって運動を
豊かに実践しようとする
見方・考え方

2年生
運動における協働の経験を通し、一人一人
の違いを認めながら自他の課題を合理的に
解決しようとする見方・考え方

1年生
運動の楽しさや喜びを味わい、運動を豊か
に実践しようとする見方・考え方

〈保健体育科のプロセスモデル〉

③自己（自分）との対話を通して、学んだ
ことを「運動と自分」の中に再構成し、
単元の核心をつかむ。（学びの意味化）

「核心への理解を深める過程」
・生徒にとってやさしい（優し
　い・易しい）運動の開発（発
　達適合的再現）
・様々な考えや技能をもった仲
　間とのグルーピング
・思考ツールの活用（関連付け）
・ルーブリックでめざす姿を教
　師と生徒で共有する
・取り組んだ運動について「運
　動と自分」について解説する
　（単元最後の時間）
・タブレットを使った運動のフィ
　ードバック（良い動きとの比較）

②他者（友だち）と運動との対話の中で、
運動について自分にはない見方や新たな
とらえ方に触れ、運動に対する考えを深
める

「学びの意味化を図る手立て」
・筋道立てて考え気づいたことを
　正確に伝える場面の設定
・単元終末に、自分と運動につい
　て語る場の設定
・単元の核心を問う（学習後）

①運動との対話の中で、できそうなこと
や目標にする姿について考え、学習の
筋道の見通しを持つ。

「学習の見通しを持つために」
・アナロゴン獲得のための技能ド
　リルの実施
・単元オリエンテーションの実施
　（学び方の確認）
・毎時間の学習問題の設定
・単元の核心を問う（学習前）

協働の学びを軸とした授業

Ⅰ学年　保健体育科シラバス

月	時	単元名	単元の核心	本質的な問い
4	①	体育と自分 オリエンテーション	体育の授業で身に付けたい見方・考え方	体育はなぜ人間の学習なのか
5	⑥	体つくり運動 （体力テスト含）	自分と友の体の良い変化	体力にはどんな要素があるのだろう
6	⑬	バレーボール	ボールをつなぎ戦術（作戦・練習）を工夫して得点に結びつける	どうしたらボールをつなげられるだろう
7	⑪	マット運動	美しくダイナミックな演技	美しい演技にある要素は何だろう
7	⑥	水泳	浮いてすすむストリームライン	推進力はどのようにつくれば良いだろう
8 9	⑫	陸上競技（リレー）	トップスピードでのバトンパス	トップスピードの関係とはどういうことだろう
10 11	⑧	ソフトボール	連携した守備	連携して守るにはどうしたら良いだろう
11 12	⑩	剣道	スキを見つけて一本とる	一本の条件とは
1	⑫	バスケットボール	ゴール前でのアウトナンバーの攻防	ノーマークでシュートするにはどうしたら良いだろう
2	⑫	現代的なリズムダンス	自己開放してリズムにひたる	自己開放するとはどういうことだろう
3	①	体育と自分（１年間のまとめ）	体育の授業で身に付けたい見方・考え方	体育はなぜ人間の学習なのか
通年	⑬	保健	心身と思春期の関係を捉える	心と体にはどのような関係があるのだろうか

105

2 学年　保健体育科シラバス

月	時	単元名	単元の核心	本質的な問い
4	①	体育と自分 オリエンテーション	体育の授業で身に付けたい見方・考え方	体育はなぜ人間の学習なのか
5	⑧	体つくり運動 （体力テスト含）	自分と友の体の良い変化	自分と友の体の良い変化は
6	⑬	バレーボール	ボールをつなぎ戦術（作戦・練習）を工夫して得点に結びつける	3段攻撃で得点をとるにはどうしたら良いか
7	⑫	マット運動	美しくダイナミックな演技	ダイナミックな演技にある要素は何だろう
8 9	⑮	陸上競技（リレー）	トップスピードでのバトンパス	トップスピードでのバトンパスには何が必要なのか
10 11	⑫	バドミントン	相手を崩すストローク	前後に相手を崩すにはどのストロークを使えば良いだろう
11 12	⑪	剣道	スキを見つけて一本とる	スキはいつできるのか
1	⑫	バスケットボール	ゴール前でのアウトナンバーの攻防	3対3でのアウトナンバーの作り出し方は
2	⑫	現代的なリズムダンス	自己開放してリズムにひたる	リズムにひたるとは
3	①	体育と自分 （1年間のまとめ）	体育の授業で身に付けたい見方・考え方	体育はなぜ人間の学習なのか
通年	⑱	保健	応急手当を身近なものにする	他人の命の危機の時自分に何ができるだろう
	105			

3学年　保健体育科シラバス

月	時	単元名	単元の核心	本質的な問い
4	①	体育と自分 オリエンテーション	体育の授業で身に付けたい見方・考え方	体育はなぜ人間の学習なのか
5	⑧	体つくり運動 （体力テスト含）	自分と友の体の良い変化	自分と友の体の良い変化は何によりもたらされるか
6	⑬	バレーボール	ボールをつなぎ戦術（作戦・練習）を工夫して得点に結びつける	1本目、2本目は、どんな意味をもつのだろう
7	⑫	マット運動	美しくダイナミックな演技	美しくダイナミックに演技するには
8 9	⑮	陸上競技（リレー）	トップスピードでのバトンパス	トップスピードでのバトンパスとはどういうことだろう
10 11	⑫	バドミントン	相手を崩す得意なストローク	相手を崩すにはどう組み立ててどこに打てば良いだろう
11 12	⑪	剣道	スキを見つけて一本とる	スキをつくるにはどうしたら良いだろう
1	⑫	バスケットボール	ゴール前でのアウトナンバーの攻防	5対5でのアウトナンバーのつくり出し方は
2	⑫	現代的なリズムダンス	自己開放してリズムにひたる	曲と一体となりリズムにひたるとは
3	①	体育と自分 （1年間のまとめ）	体育の授業で身に付けたい見方・考え方	体育はなぜ人間の学習なのか
通年	⑱	保健	生活習慣病と自分を関連付ける	生活の質を向上させるにはどうしたら良いだろうか

105

技術・家庭科コンパス

1. 「対話する学校」における技術・家庭科の役割

> よりよい生活の実現や持続可能な社会の構築に向けて、
> 生活を工夫し創造する教科

2. 3年間でつける力

(1) 生徒につけたい教科固有の思考力・判断力・表現力（論理的思考力）

> 生活の中の選択肢を比較して、場合に応じて選び抜く力

(2) 技術・家庭科の学び方

> ・身支度をきちんとして、安全面や衛生面に配慮する。
> ・願いや課題を持ち、解決に必要な知識・技能を意欲的に習得する。
> ・実際にやってみる、調べてみる、観察する、考え合う。
> ・没頭して製作に取り組み、期限を守って作品を完成させる。

3. 協働の学びを活性化させるための手立て

> ○疑問を追究したり、できたこと・できなかったことをグループで伝え合ったりしたくなる
> 　ような魅力的な題材の選択
> ○製作場面でお互いの技能を見合い、よさに気づけるような観点の提示
> ○題材の流れや学習内容を意識し続けられるような題材を通した学習カードの活用。
> 〈筋道立てて考え気づいたことを正確に伝える場面設定〉
> 　題材の終末で学習前後の自分の成長、自分の生活に対する価値観の変化を自分の言葉で
> 　語れるようなまとめ場面の設定

技術・家庭科コンパスα

「対話する学校」における技術・家庭科の役割

> よりよい生活の実現や持続可能な社会の構築に向けて、生活を工夫し創造する教材

3年間でつける力

○生徒につけたい教科固有の思考力・判断力・表現力（論理的思考力）

> 生活や社会の中から問題を見いだして課題を設定し、解決策を構想し、実践を評価・改善し、表現するなど、問題を解決する力

【技術分野】

生活や社会における事象を、技術との関わりの視点で捉え、社会からの要求、安全性、環境負荷や経済性などに着目して技術を最適化する見方・考え方。

【家庭分野】

家族や家庭、衣食住、消費や環境などに係る生活事象を、協力・協働、健康・快適・安全、生活文化の継承・創造、持続可能な社会の構築で捉え、生涯にわたって、自立した生活を創造する見方・考え方。

〈技術・家庭科のプロセスモデル〉

③より良い生活の構築に向けて、生活を工夫し、実践する

〈学びの意味化を図る手立て〉
・自分の成長と単元の成果を振り返り、自分の言葉で語れるような場の設定
・家庭実践を促す課題の設定

①自分の生活を振り返り、課題に気づく

〈学習の見通しをもたせるための手立て〉
・製作場面で友の技能を見合い、よさに気づける観点の提示
・めざす姿の共有（ルーブリックの活用）

協働の学びを軸とした授業

生活する上で直面する様々な問題の解決に向けて、知識及び技能を活用して解決方法を考えたり、自分なりの新しい方法を創造したりするなど、学んだことを実際の生活の中で生かすことができる力を育てる。

②課題解決の手だてとなる知識・技能を習得する

〈対話を活性化させる手立て〉
・自分の生活の課題を意識できるような教材との出会い、友との対話
・課題を意識し続けられる学習

技術・家庭科シラバス　Ⅰ学年

月	時	題材名と学習内容	題材の核心	本質的な問い
4	2	オリエンテーション （技家で1時間ずつ）	技術・家庭科を学ぶ意味 これからの学習の見通し	技：私たちの生活を便利にそして豊かにしている技術にはどんなものがあるだろう。 家：普段の生活で自分が家族や地域に支えてもらっているのはどんなことだろう。
5	4	コンピュータのしくみ 情報のデジタル化 「自己紹介文の作成」	デジタル作品の便利で効果的な表現	コンピュータを使うとどんなことが便利だろうか。
	2	材料の特徴 材料の特性実験	製品に適した材料の選択	なぜ製品によっていろいろな材料が使い分けされているのだろうか。
	1	材料に適した加工法	材料に適した加工法と手順の選択決定	加工法は材料の何の性質によって選ばれるのか。
6	4	製作品の設計 ・図の書き方 　（等角図・第三角法） ・製作品の設計	自分の構想をわかりやすく図に表わすこと	自分の構想をわかりやすく表現するにはどうしたらよいか。
7 8	18	製作品の製作 「オリジナル本立ての製作」 「ペンスタンドの製作」	それぞれの作業工程で、材料の特性と工具のしくみを理解し適切な作業を進めること	まっすぐに切り口が斜めにならないように切断するためのコツは何か。 打数を少なくし釘をまっすぐに打ち込むためのコツは何か。
9	1	材料と加工に関する技術を未来に生かそう	材料と加工に関する技術について自分なりの活用方法を考えること。	学んだことを生かして生活を豊かにする方法を考えよう
	3	夏花壇における花の育成	花の栽培の手順を知ること	花はどのような手順で育てるのだろうか
10	1	食事の課題探し	自分の食事の振り返りと課題の設定	自分の食事の課題は何だろう
	4	食品に含まれる栄養素	自分に必要な栄養素が含まれる食材探し	自分に必要な栄養素は何で、どんな食品に入っているだろう 栄養的な特徴により6つの食品群に分類しよう
	2	1日分の献立を考えよう	自分の食生活の課題を解決する献立の作成	自分の食生活の課題を解決するためには献立をどう工夫すればよいだろう
11	3	生鮮食品と加工食品	加工食品と生鮮食品の違い 食品の選び方	生鮮食品の鮮度の違いを見分けよう 旬の食品に分類しよう 加工方法ごとに分類しよう 生鮮食品、加工食品の長所と短所比べよう
	1	野菜の特性	栄養素を失わず、食べやすい調理法を知ること	いろいろな調理法の長所と短所を比べよう

月	時	題材名と学習内容	題材の核心	本質的な問い
12	1	調理の基本と野菜を使った実習（包丁の扱い方、計量方法）	正しい調理基礎技能の習得	包丁の扱いと計量のコツは何だろう
	4	肉の調理上の性質と調理	肉の調理上の性質を知り、性質を生かした調理法ができること	肉を安全に調理するための工夫は何だろう
	4	魚の調理上の性質と調理 日本の食事	魚の調理上の性質を知り、性質を生かした調理法ができること	魚を安全に調理するための工夫は何だろう 和食の良さとは何だろう
	1	よりよい食生活を目指して	食料資源とこれからの食生活	学んだことを生かして食生活を豊かにする方法を考えよう
1	2	衣服の働きや用途	TPO に応じた衣服のコーディネート	服の組み合わせはどのように決めたらよいか
	2	服の選び方・購入方法	服を購入する際のポイント	購入するときに何を参考にしたらよいだろう
	2	手入れの方法（洗濯、アイロン・収納）	衣服の素材や状態に応じた適切な手入れ	服の手入れにどのようなポイントがあるだろう
2	2	衣服の補修（まつり縫い、ボタン・スナップつけ）	丈夫で美しく仕上がる補修技能の体得	各補修技能には、どんなポイントがあるだろう
3	5	被服実習（家庭科バッグ）	3年間使える丈夫なバッグの製作	計画したバッグを丈夫に、正確に仕上げるために、何を意識して技能を活用すればよいか
	1	まとめ	題材と実生活をつなぐ	どんな場面で学びを活用できるだろうか
全 70 時間				

技術・家庭科シラバス　2 学年

月	時	題材名と学習内容	題材の核心	本質的な問い
4	2	家族の成長と間取り	家族の成長と関わりに応じて、住み方を工夫できること	住みやすい家にするためにどんな工夫ができるだろう 生活空間を生活行為に応じて分類しよう
	1	日本の住まいと住まい方	日本の気候風土や地域の特性に合わせた住まいや住まい方の工夫ができること	和式と洋式の住まい方の違いは何だろう
5	4	安全で快適な住まい	安全で快適な住まい方	校内のバリアフリーを探そう 健康で心地よく住むための室内環境の工夫を考えよう
	2	「その時」にそなえて	災害に備えた準備の必要性	災害が起きる前に私たちは何ができるだろう
6	1	よりよい住生活を目指して	題材と実生活をつなぐ	学んだことを生かして住生活を豊かにする方法を考えよう

月	時	題材	内容	課題
	4	日本の衣服（浴衣着装体験）	和服が日本の気候に合い、世代を超えて着られること	和服が長い間伝え続けられてきた理由はなんだろう
7	1	衣服に関わる日本の伝統と課題	先人の知恵が私たちの生活にも生かせること	先祖の知恵や現代の課題を知り、衣生活をよりよくできないだろうか
8	10	My リバーシブルバッグの製作	用途に合わせたポケット、バッグにすること	用途に合わせたポケット、バッグにするために大きさ、縫い方はどうしたらよいか
9	8	私たちの消費生活	消費者の権利と責任を自覚して消費生活を営むこと	消費者として賢く生活するために必要なことは何だろう
	2	持続可能な社会を目指そう	環境に配慮した消費生活を実生活に生かすこと	持続可能な社会にするために自分にできることは何だろう
10	2	エネルギー変換と利用	これからの発電方法を考え選択すること	あなたは、エネルギー変換効率や安全性などを考慮してどの発電方法を選択しますか。
	2	電気エネルギー変換のしくみ	電気エネルギー変換のしくみを知ること（光・熱・運動・その他）	電気エネルギーを利用する仕組みはどうなっているのだろうか。
	2	電気機器の安全な使用 電気機器の保守点検	電気機器を安全に使うこと	電気による事故を防止するにはどうしたらよいのだろうか。
11	2	機械の運動を伝える仕組み 機械の保守点検	機械のしくみを理解し機械を効果的に正しく使用すること	回転運動を往復運動に変えるしくみを考えてみよう。
12	13	エネルギー変換を利用した製作品の設計と製作 「LEDスタンドの製作」	構想にあった電気回路を構成すること	2つの電球がともに明るく点燈する回路はどうしたらよいのだろうか。
			正しいはんだ付け技能の習得	正しく導通するはんだ付け（富士山型）にするためのコツは何。
1	1	エネルギー変換に関する技術を未来に生かそう	エネルギー変換に関する技術について、自分なりの活用方法を考えること。	学んだことを生かして生活を豊かにする方法を考えよう
	3	パンジーの栽培	作物の状況に応じた適切な管理作業	パンジーの状況を見て、どのように判断して適切な管理をすればよいだろうか。
2	2	プログラムによる計測・制御 計測・制御のしくみ	人が手を加えなくても自動的に作動する仕組みを知ること	なぜヒーターは自動的に電源が切れるのだろうか。
	4	プログラムの作成 （LED、圧電ブザーの制御）	自分のねがうプログラムを作成すること	自分の願う動きにLEDと圧電ブザーを働かせるにはどうしたらよいか。
3	4	情報の安全な利用 （プレゼンづくりを通して）	情報を正しく安全に利用する方法を身につけること 望ましい情報社会のために取るべき態度を身につけること	情報を正しく安全に利用するにはどういうことに気をつければよいだろうか。

全70時間

技術・家庭科シラバス　3学年

月	時	題材名と学習内容	題材の核心	本質的な問い
4	2	金属の性質 プラスチックの性質	木材以外の材料である金属やプラスチックの特徴と用途例を知ること	あなたならこの部分、どの材料を使いますか。
5	1	製作品の設計 　設計（第三角法）	自分の構想をわかりやすく図に表わすこと	自分の構想をわかりやすく表現するにはどうしたらよいか。
6	10	製作品の製作 　「フォトスタンドの製作」	精度にこだわったねじ切り	おねじとめねじがぴったりと合うようにねじ切りをするためのコツは何か。
7			精度にこだわったやすりがけ	自分のめざす形に効率よく正確にやすりがけをするにはどうしたらよいか。
8	4	デジタル作品の設計と制作 「3年間の思い出ムービーづくり」	伝えたい情報の効果的な表現	様々な情報〔素材〕を効果的に正しく取り入れるにはどうしたよいだろうか。
9	1	家族って何？	家族の存在が子どもの成長に欠かせないこと	自分は小さい頃どのように家族に支えてもらっただろう。
	2	幼児の成長を知ろう （第1回保育実習）	幼児と中学生との違いを体感すること	幼児は私たちと何が違うだろう
10	3	幼児の身体と心の成長	周囲の大人の適切な関わりが幼児の成長につながること	幼児の心身はどのように成長していくのだろう
11	5	実習の準備をしよう	幼児の発達段階にあった遊びを工夫して計画すること	幼児に楽しんでもらうために、どんな工夫が必要だろうか
12 1	3	幼児と工夫して関わろう （第2回保育実習）	幼児の反応と発達段階に応じて関わり方を工夫すること	学習を生かして、前回よりも自信をもって関わるために自分は何ができるだろう
2	3	高齢者と私たち	高齢者に思いをはせること	高齢者体験を通して、私たちに何ができるだろう。
3	1	これからの家族と私たち	これからは自分が家族のためにできることを探し、実践する立場であること	家族を支える立場で、よりよい家族関係を築くために何ができるだろう
全 35 時間				

英語科コンパス

1. 「対話する学校」における英語科の役割

思いや考えを自分の英語で伝える資質・能力を育てる

2. 3年間でつける力

(1) 生徒につけたい教科固有の思考力・判断力・表現力（論理的思考力）

コミュニケーションの場面を明確にし、読んだり聞いたりした英語から
自分の思いや考えをもつことを通して自分の意見を英語で伝える力

(2) 英語科の学び方

〇自分の考えや思いを英語を駆使して伝えようとする
〇英語を聞いて、相手の伝えたいことを理解しようとする
〇場面や状況にあわせてよりよい表現を追究する
〇相手意識をもって、豊かな声量で話す
〇物事を多面的・多角的に見ようとする
〇間違いを恐れずに表現しようとする
〇ペア・グループ活動で自分の思いを表現しようとする

3. 協働の学びを活性化させるための手立て

〇思考力・判断力・表現力を高め合う学習場面、題材を提供する
〇条件英作文、自由英作文、Interview活動、ディクトグロス
〇タブレット、プロジェクター（電子黒板）、ホワイトボードを活用したプレゼンテーション
〇授業の80%以上を英語で行う
〈筋道立てて考え気づいたことを正確に伝える場面設定〉
単元のまとめの作文や発表の前に、コンセプトマップを用いて、伝えたいことを整理する

英語科コンパスα

「対話する学校」における英語科の役割

思いや考えを英語で伝える資質・能力を育てる教科

3年間でつける力

○生徒につけたい教科固有の思考力・判断力・表現力（論理的思考力）

コミュニケーションの場面を明確にし、読んだり聞いたりした英語から
自分の考えをもつことを通して自分の思いを伝える力

3年生
コミュニケーションを行う目的・場面・状況に応じて、外国語を聞いたり読んだりして情報や自分の考えを再構築し、それらを活用して英語を話したり書いたりして適切に表現し伝えるための考え方

2年生
コミュニケーションを行う目的・場面・状況に応じて、外国語を聞いたり読んだりして情報や自分の考えを形成・整理し、それらを活用して英語を書いて伝えるための考え方

1年生
コミュニケーションを行う目的・場面・状況に応じて、外国語を聞いて情報を整理したり、自分のことを適切に話して伝えたりするための考え方

〈英語科のプロセスモデル〉

③自分の思いを話したり書いたりする

②聞いたり読んだりした英語から自分の考えをもつ

①コミュニケーションの場面を明確にする

協働の学びを軸とした授業

**「対話を活性化させる
手立て」**
・ディクトグロス
・タブレット、プロジェクター（電子黒板）、ホワイトボードを活用したプレゼンテーション
・コンセプトマップを用いて伝えたいことを整理する

「学びの意味化を図る手立て」
・フレーズバンクを用いた文章の蓄積
・発表用原稿の作成
・Can Do リストの活用

**「学習の筋道の見通しを
持つために」**
・単元を通して付ける技能の設定
・各時間のToday's Goalの設定

英語科シラバス　Ⅰ学年

月	時	単元名	単元の核心	本質的な問い
4	10	Unit0	英語と日本語の発音の違いに慣れ、話す場面で、英語の発音の特徴を整理すること	それぞれのアルファベットを発音するときのコツは何か
5	10	Unit1 はじめまして	自己紹介を書く場面で、自分の情報や考えをわかりやすく形成すること	自分のことを知ってもらうために必要な表現とは何か
	10	Unit2 学校で	初対面の人や友達についての紹介文を書く場面で、その情報を整理し、形成すること	人や物を指し示すときに、日本語と英語で相違点はあるか
6	10	Unit3 わたしの好きなこと	自分の好きなことについて書く場面で、相手にわかりやすく伝えるために情報を整理し、形成すること	好きな物や趣味が同じ人を見つけるにはどのような個所に注意してやりとりすればよいだろうか
7	10	Unit4 ホームパーティー	物の数や提案について話す場面で、自分の考えや物の情報を整理し、形成すること	相手へお願いしたいときに使う文と普通の文で相違点はあるか
8	4	Presentaion1 自己紹介	Be 動詞、一般動詞の違いに着目しながら自己紹介を書く場面で、情報を整理し、形成すること	既習表現を用いて自己紹介するコツとは何か
9	10	Unit5 学校の文化祭	世界の食文化の違いについて聞く場面で、情報を整理し、再構築すること	英語で伝えたいものの特徴を伝えるときのコツとは何か
10	10	Unit6 オーストラリアの兄	家族や友達を紹介する場面で、自分と相手以外の人やものの情報を整理し、紹介文を形成すること	自分や目の前の人と、今ここにいない人では、動詞の形に違いがあるか
	10	Unit7 ブラジルから来たサッカーコーチ	その国の時刻や使われている言語についてたずねる場面で、情報を整理し、形成すること	他の国のことを知るときのコツとは何か
11	10	Unit8 イギリスの本	まとまりのある英文を書く場面で、自分の好きな本の情報を整理し、形成すること	英語には人称代名詞がいくつあるだろうか
	10	Unit9 チャイナタウンへ行こう	登場人物が現在していることを聞き取る場面で、情報を整理し、再構築すること	毎日の習慣を表す文と、現在していることを表す文とではどのような相違点があるか
12	4	Presentation2 一日の生活	自分の一日の生活について話す場面で、時間の流れに沿って情報を整理し、再構築すること	自分の理想の一日について説明するときのコツは何か
1	10	Unit10 あこがれのボストン	自分の得意なことや不得意なことをについて話す場面で、考えを整理し、形成すること	自分の得意なことや不得意なことを伝えるときに文はどう変わるだろうか
2	12	Unit11 思い出の一年	ALT の英文をディクトグロスで聞く場面で、一年間の思い出を聞いた情報を整理しながら再構築すること	過去にした行動を表現するとき、動詞の形には何か違いがあるか
	6	Presentation3 思い出の行事	一年間の思い出を過去形で書く場面で、情報を整理し、形成すること	1 年間の振り返りを書くときのコツは何か
3	4	Let's Read The Restaurant with Many Orders	長い物語を英語で読む場面で、情報を整理しながら再構築すること	物語文を英語で読むとはどのような行為なのか
	140			

英語科シラバス　2 学年

月	時	単元名	単元の核心	本質的な問い
4	6	Unit0 My Spring Vacation	春休みの作文を書く場面で、自分のしたことを整理し再構築すること	過去のことを伝えるときには、日本語と英語でどのような相違点があるか
5	10	Unit1 A Friend in a Sister School	ALT の自己紹介や春休みにしたことを聞く場面で、重要な情報を整理すること	英語を聞き取るためには、どのような個所を聞き取ればよいか
6	10	Unit2 A Trip to the U.K.	外国旅行における入国審査やガイドの説明を聞く場面で、情報を整理し再構築すること	英語の説明を聞く時のコツは何か
7	10	Unit3 Career Day	職業体験でしたいこと発表する場面で、何ができるかを整理し、自分の考えを形成すること	今からしたいことを述べるときに、日本語と英語で相違点はあるか
8	3	Presentation1 将来の夢	将来の夢について発表する場面で、自分のしたいことを整理し、再構築すること	上手な説明をするときの話す順番はどのようなものがよいか
9	5	Let's Read 1 The Carpenter's Gift	物語文を読む場面で、情報を整理しながら読むこと	場面の転換を表現するときには、日本語と英語で相違点はあるか
	10	Unit4 Homestay in the United States	ホームステイのガイドブックを読む場面で、情報を比較したあとに再構築すること	英語で伝えたいものの情報を伝えるときのコツとは何か
10 11	10	Unit5 Universal Design	身近な話題について意見を言う場面で、根拠を明確にしながら伝えたいことを整理すること	論理的な説明をするための表現とはどのようなものか
12	10	Unit6 Rakugo in English	自分の住んでいる町について書く場面で、情報を整理し自分の考えを再構築すること	論理的な説明をするためにはどのような順番で伝えていけばよいか
	4	Presentation2 町紹介	自分の住んでいる町について書く場面で、相手意識をもって情報を再構築すること	相手意識をもって文章を書く時のコツは何か
1	5	Let's Read2 Try to Be the Only One	物語文を読む場面で、主人公の情報を整理しながら読むこと	物語のあらすじを読み取るには、どのような読み方をしていけばよいか
2	12	Unit7 The Movie Dolphin Tale	修学旅行で行きたい場所について説明する場面で、比較しながら情報を再構築すること	比較しながら説明をするときには、日本語と英語でどのような相違点があるだろうか
3	4	Presentation3 好きなこと・もの	自分の好きなことについて話す場面で、自分の考えを形成すること	上手な説明を成立させる条件は何か
	4	Let's Read3 Cooking with the Sun	世界的な環境問題について自分なりの解決策を書く場面で、根拠を踏まえて自分の考えを再構築すること	論理的な表現とはどのようなものか
計 140				

120

英語科シラバス　3学年

月	時	単元名	単元の核心	本質的な問い
4	5	Unit0 Countries around the World	興味のある国について客観的なデータを用いて紹介する場面で、国に関する情報を整理し、自分の考えなどを形成すること	国紹介を成立させる条件は何か
5	14	Unit1 Pop Culture Then and Now	今昔の日本文化を比較しながら伝える場面で、日本文化に関する情報を整理し、自分の考えなどを形成すること	日本文化について即興的に話すときのコツは何か
	2	Daily Scene 1 食事の会話	相手に食事をすすめる場面で、食事に関する表現を整理すること	英語で上手に食事をすすめるコツは何か
	4	Presentation 1 日本文化紹介	日本の風物を紹介する場面で、日本文化に関する情報を整理し、自分の考えなどを形成、再構築すること	上手な説明を成立させる条件は何か
6	14	Unit2 From the Other Side of the Earth	アマゾンの熱帯雨林の恩恵と環境問題が紹介されている場面で、環境に関する情報を整理し、自分の考えなどを形成、再構築すること	自然破壊やその原因について相手にわかりやすく伝えるコツは何か
	2	Daily Scene2 手紙	好きな人物へのファンレターを書く場面で、手紙に関する表現を整理すること	日本語と英語では手紙の書き方にどのような違いがあるか
7	15	Unit3 Fair Trade Event	フェアトレードの背景となる発展途上国の子どもたちの生活の様子を紹介する場面で、社会の仕組みに関する情報を整理し、自分の考えなどを形成、再構築すること	心情や願いを表現するコツは何か
	3	Daily Scene3 さそい	人を誘ったり提案したり約束したりする場面で、人を誘う表現を整理すること	どんな表現を使えば英語で人を誘えるだろうか
8	5	Presentation 2 修学旅行	修学旅行レポートを作成する場面で、旅行に関する情報を整理し、自分の考えなどを形成、再構築すること	英語でレポートを作成するときのコツは何か
9	5	Let's Read 1 A Mother's Lullaby	広島に原爆が落とされた日の夜の出来事を伝える場面で、平和に関する情報を整理し、自分の考えなどを形成すること	まとまりのある英語を読み取るには、どのような語句や表現に着目したらよいか
	15	Unit4 To Our Future Generations	災害の記憶を後世に伝える取り組みが紹介されている場面で、災害に関する情報を整理し、自分の考えなどを形成、再構築すること	日本の出来事を海外の人たちに伝えていくコツは何か
10	3	Daily Scene4 道案内	乗り換えのある乗り物での行き方をたずねたり、教えたりする場面で、道案内に関する表現を整理すること	英語で複雑な道案内をするコツは何か
	15	Unit5 Living with Robots -For or Against-	あるテーマのメリット、デメリットについて議論する場面で、テーマに関する情報を整理し、自分の考えなどを形成、再構築すること	論理的な説明を成立させる条件は何か

11	2	Daily Scene 5 電話の会話	電話でかけ直しを申し出たり、伝言を頼んだりする場面で、電話の会話に関する表現を整理すること	電話を通して英語で複雑な対話を続けるコツは何か
12	15	Unit6 Striving for a Better World	ノーベル平和賞受賞者の半生を参考に人権や平和について書く場面で、人権や平和に関する情報を整理し、自分の考えなどを形成、再構築すること	より詳しいなりきり作文を書くコツは何か
	3	Daily Scene 6 レポート	あるテーマについて賛成・反対の立場や理由を明らかにしながら論理的にレポートを書く場面で、テーマに関する情報を整理し、自分の考えなどを形成、再構築すること	論理的に英文を書くコツは何か
1	4	Presentation 3 中学校生活	自分の中学校生活を振り返り、今後の抱負を表現する場面で、中学校生活に関する情報を整理し、自分の考えなどを形成、再構築すること	既習表現を用いて即興的に話すコツは何か
2	6	Let's Read 2 The Green Door	ロマンスと冒険を愛する主人公の不思議な体験を読み取る場面で、物語に関する情報を整理し、自分の考えなどを形成すること	長い英文の場面変化や心情を読み取るコツは何か
3	8	Let's Read 3 An Artist in the Arctic	ある写真家の人生と、彼が写真を通して伝えようとしたことを読み取る場面で、環境破壊に関する情報を整理し、自分の考えなどを形成すること	今日的課題に関する意見伝達を成立させる条件は何か
計 140				

道徳科コンパス

1. 「対話する学校」における道徳科の役割

> しなやかな心を磨く教科

2. 3年間でつける力

(1) 生徒につけたい教科固有の思考力・判断力・表現力（論理的思考力）

> 自分自身と向き合い、よりよい生き方を求める心
> 　〜対象と自分と仲間との対話より〜

(2) 道徳科の学び方

> ・資料を読むときは、下線や傍線を引いたり、メモをしたりしよう。
> ・声を発すること（返事・発言など）を大切にし、場に応じた声で伝えよう。
> ・自分が感じたことや考えたことを、言葉を使って表現する（話す・書く）ことをこつこつ
> 　と継続していこう。
> ・友達と意見交換する中で「なるほど」と感じたことは、メモするクセをつけよう。
> ・道徳科では正解は1つではないので、友だちと意見が異なったとしても、堂々と自分の考
> 　えを発表しよう。

3. 協働の学びを活性化させるための手立て

> ・資料や題材について自分の考えや疑問をもって、学習をスタートする。
> ・1時間の中で「自己」「友」「対象」と対話する。
> ・思考ツールを使って探究し、自分の考えを明確にする。
> 〈筋道立てて考え気づいたことを正確に伝える場面設定〉
> ・テーマとなっている道徳的価値に関して、グループやクラスで意見を交わしたり自分の
> 　考えを表現したりする。

道徳科コンパスα

「対話する学校」における道徳科の役割

しなやかな心を磨く教科

3年間でつける力

○生徒につけたい教科固有の思考力・判断力・表現力（論理的思考力）

自分自身と向き合い、よりよい生き方を求める心
　〜対象と自分と仲間との対話より〜

〈道徳科のプロセスモデル〉

生徒が道徳的価値を自分自身との関わりで捉え、自己の生き方について考えること
「主体的な学び」の視点

自分と異なる意見と向き合い議論することや、道徳的価値の
葛藤や衝突が生じる場面で、多面的・多角的に議論すること
「対話的な学び」の視点

道徳的価値を多面的・多角的に
考える学習を通して、
適切な行為を主体的に選択し、
実践できるような資質・能力を
育成すること
「深い学び」の視点

③自分と対話することでテーマについて深く考える

**「学びの意味化を図る
手立て」**
・ワークシートやポートフォリオの空らんの工夫
・さし絵や場面絵の活用

②読んだり視聴したりすることで自分の考えをもち、
　根拠をもとに友と対話する

**「対話を活性化させる
手立て」**
・ホワイトボードを用いて考えを整理する
・「心のものさし」や「ハートメーター」を活用した考えの可視化

①テーマ（道徳的価値）の方向性を明確にする

**「学習の筋道の見通しを
持つために」**
・テーマ（道徳的価値）の設定
・一貫性をもった導入発問と最終発問の設定
・資料範読時のライン引き

協働の学びを軸とした授業

Ⅰ学年　道徳科シラバス【表中のＳはシーズン、Ｕはユニット、▭は他教材への差し替えをそれぞれ表す】

Ｓ	Ｕ	月	内容項目・資料名	ねらい	本質的な問い（主発問）
シーズン1　自ら考えて	中学校に入学した自覚をもつ	4	【Ａ（1）自主，自律，自由と責任】 1　自分で決めるって？ アキラの選択（中学生の道徳）	部活動や定期テスト，新たな人間関係など，入学時に直面する中学校生活特有の場面から，自主，自律の意識をもつことの大切さについて考えさせ，自分の責任で物事を決定しようとする判断力や心情を育てる。 **自立の精神を重んじ，自主的に考え，自主的に考え，誠実に実行してその結果に責任をもつ。**	★自分で「決める」とは，どういうことだろう。
			【Ａ（2）節度，節制】 2　自然教室での出来事	自然教室で登山の前日に夜更かしをし，体調を崩した生徒の物語を通して，中学校生活の始まりに際し，規則正しい生活の重要性について考えさせ，よりよい生活を送ろうとする実践意欲と態度を育てる。	★よりよい生活とは，どんな生活のことをいうのだろう。
			【Ｃ（14）家族愛，家庭生活の充実】 3　さよならの学校	祖父の死に直面した少年を描いた物語を通して，家族から受け継がれてきた生命の流れの中で，深い愛情をもって育てられてきたことに気づかせ，家族の一員として家族を大切にしていこうとする心情を育てる。	★あなたは家族の一員として，どんなことをしていきたいのだろう。
	他の命を大切にして学校生活を送る	5	【Ｄ（19）生命の尊さ】 4　ひまわり	東日本大震災，阪神・淡路大震災を巡る実話を通して，生命の尊さについて考えさせ，自他の命を大切にしていこうとする心情を育てる。	★人が「命の尊さ」を感じるときはどんなときだろう。
			【Ａ（4）希望と勇気，克己と強い意志】 5　ヘレンと共に――アニー・サリバン	ヘレン・ケラーを支援したアニー・サリバンの物語を通して，困難に直面しても，信念をもって自らの仕事に取り組むことの大切さについて考えさせ，自分も目標に向かって努力しようとする実践意欲と態度を育てる。	★「心を込めて努力したい」と思わせるものとは何だろうか。
			【Ｂ（8）友情，信頼】 6　いちばん高い値段の絵 片腕のラガーマン（わたしの築くみちしるべ）	画家のミレーとルソーとの関係を描いた物語から，互いに思いやりをもち，信頼し合う人間関係について考えさせ，友達と信頼関係を築いていこうとする心情を育てる。 **仲間の行動について考え合うことで，互いに相手を認めた厳しくも温かい真の友情の素晴らしさを理解する。**	★友達とは，どんな存在なのだろう。 ★もし自分だった ★もし自分だったらどのように行動するだろうか。
シーズン2　仲間とよりよい生活を送るために	新しい仲間を思いやり，よりよい学校をつくる	6	【Ｂ（9）相互理解，寛容】 7　私の話を聞いてね	右手に障害がある女性がインターネット上に発信したメッセージを通して，自他の個性や立場を尊重し合って生きることの大切さを考えさせ，違いを認め合っていこうとする実践意欲と態度を育てる。	★個性や立場の違いを越えて理解し合うために大切なことは，何だろう。
			【Ｂ（6）思いやり，感謝】 8　席を譲ったけれど	中学生が高齢者に電車で席を譲ったときに起こったトラブルを記した投稿と，その投稿に対する複数の立場からの反響を通して，他者への思いやりについて考えさせ，思いやりの心をもって行動しようとする実践意欲と態度を育てる。	★思いやりの心をもって他者と接するとは，どういうことだろう。
			【Ｃ（15）よりよい学校生活，集団生活の充実】 9　一粒の種	友達が所属する部活動の応援を始めた生徒の物語を通して，学校生活や集団をよりよくするために主体的に行動することの大切さについて考えさせ，自分も積極的に関わろうとする実践意欲と態度を育てる。	★自分たちの学校をつくっていくために，どのようなことを大切にするとよいのだろう。

		6	【C（11）公正，公平，社会正義】 10　魚の涙	魚類学者でタレントのさかなクンが著したいじめに対するメッセージを通して，社会や集団からいじめをなくしていくために行うべきことについて考えさせ，社会正義を実現していこうとする実践意欲と態度を育てる。	★「いじめが起こらないために大切なこと」とは，何だろう。
		7	【D（19）生命の尊さ】 11　捨てられた悲しみ	日本動物愛護協会のペット飼育に関するポスターや，犬猫の殺処分を行う施設の職員の仕事を追った文章と写真を通して，生命を尊ぶことについて考えさせ，生き物の命を大切にしていこうとする心情を育てる。	★「毎年多くの犬や猫が殺処分されていること」をどう思うか。
			【A（5）真理の探究，創造】 12　六十二枚の天気図	レポート課題に取り組むことをきっかけに主体的に天気について調べ始めた生徒の物語を通して，真理を探究することの大切さを考えさせ，知識や真理を追究していこうとする実践意欲と態度を育てる。	★「真理を探究していくのに大切なこと」とは，どんなことだと思うか。
シーズン3　広い視野で	他者の気持ちを考えて行動する	9	【B（7）礼儀】 13　学習机	新入社員が起こした仕事上のトラブルとその解決までを描いた物語を通して，社会生活を送るうえでの責任感や礼儀の大切さについて考えさせ，時と場に応じた行動をしていこうとする実践意欲と態度を育てる。	★「人と関わるときに大切にすべきこと」とは，どんなことだろう。
			【B（9）相互理解，寛容】 14　言葉の向こうに	SNSでトラブルに巻き込まれた生徒の物語を通して，異なる立場の者どうしのコミュニケーションの取りや寛容さについて考えさせ，他者の思いや立場を考えて行動していこうとする実践意欲と態度を育てる。	★異なるものの見方や考え方をもつ人と関わるとき，大切なことは何だろう。
			【B（6）思いやり，感謝】 15　父の言葉 **真知子の迷い（わたしの築くみちしるべ）**	黒柳徹子さんが福祉やユニセフに携わる出発点となった少女時代の出来事を描いた文章を通して，他者への思いやりについて考えさせ，思いやりのある行動をしていこうとする実践意欲と態度を育てる。 **親切にしようと思っていてもできなかった真知子さんの葛藤する姿に共感することで，思いやりの気持ちを素直に表していこうとする気持ちをもてるようにする。**	★「相手のことを考えて行動する」とは，どういうことだろう。
			【D（19）生命の尊さ】 16　エルマおばあさんからの「最後の贈りもの」	死を迎えようとする老人とそれを見守る家族を描いた文章と写真を通して，尊厳ある生と死の在り方について考えさせ，命を大切にして生きていこうとする心情を育てる。	★「生きる」ということについて，考えよう。
	社会との関わりを考える	10	【C（11）公正，公平，社会正義】 17　やっぱり樹里は	不公平な場面を見すごさず，自分の考えを述べることのできる生徒の物語を通して，公正，公平な社会を実現するために大切な行動について考えさせ，公正，公平に行動していこうとする実践意欲と態度を育てる。	★「ブレない人」と聞いて，どんな人をイメージするだろうか。
			【C（12）社会参画，公共の精神】 18　僕たちの未来	森をよみがえらせるボランティアに参加した生徒の物語を通して，主体的に社会参画する意欲や郷土愛を養い，社会をよりよくしようとする実践意欲と態度を育てる。	★自分たちの社会をよりよくしていくために大切なことは，何だろう。

			【C（13）勤労】 19　私が働く理由	がん患者のための美容師や靴磨き職人など，さまざまな職業に就いている人々の仕事への思いや考え方などを知り，働くことの意義や喜びについて考えさせ，自らも充実した働き方をしようとする実践意欲と態度を育てる。	★「働く」ことの意味は，何だろう。
			【C（10）遵法精神，公徳心】 20　仏の銀蔵	近世を舞台にした高利貸しの男と金銭を借りている人々の物語を通して，法やきまりを守る心について考えさせ，それらを大切にして生活しようとする実践意欲と態度を育てる。	★法やきまりを守ることの意義について，考えよう。
			おくれてきた客（ＮＨＫココロ部！）	**公徳心をもつことの大切さが分かり進んで公共のために尽くそうとする気持ちをもつ。**	**★もし自分だったらのように行動するだろうか。**
	広い世界に目を向ける	11	【C（16）郷土の伝統と文化の尊重，郷土を愛する態度】 21　なおしもん	重要無形文化財の輪島塗に関する文章を通して，郷土に根差した伝統と文化を継承していく心を養い，それらを大切にしていこうとする実践意欲と態度を育てる。	★郷土の伝統や文化を受け継ぐことのよさとは，何だろう。
			【D（20）自然愛護】 22　鳥が見せてくれたもの	野鳥を保護する活動を行う生徒の物語を通して，自然環境を保全し，生き物を保護する心や態度を養い，自然を守るためにできることをしていこうとする実践意欲と態度を育てる。	★生き物や自然と共に生きるのに大切なことはどんなことだろう。
			【C（17）我が国の伝統と文化の尊重，国を愛する態度】 23　日本のお米	米や稲が日本の食文化や自然環境を支えてきたことを説明した文章を通して，伝統的な農業や文化を引き継いでいくことの大切さについて考えさせ，自分にできることをしていこうとする実践意欲と態度を育てる。	★昔から日本人を支えてきたものについて，考えよう。
			【C（18）国際理解，国際貢献】 24　異文化の人々と共に生きる	日本人と外国の人との間に生じたギャップを巡る事例を通して，異文化に属する人どうしが共生していくために大切なことについて考えさせ，異文化を尊重し，理解し合おうとする判断力や心情を育てる。	★異なる文化をもつ人々と共に生きていくために，大切なことは何だろう。
	よりよい自分を探す	12	【D（21）感動，畏敬の念】 25　命の木	屋久島の原生林の様子を描いた文章を通して，自然の雄大さや生命の尊さについて考えさせ，それらへの感動を大切にしようとする心情を育てる。	★人間の力を超えるものはどうしてすごいのだろう。
			【D（22）よりよく生きる喜び】 26　銀色のシャープペンシル	友達のシャープペンシルを拾って自分のものにしてしまったことを言い出せなかった生徒の物語を通して，自分の心の弱さを見つめ，改めることの大切さについて考えさせ，自分も弱さを乗り越えて生きていこうとする心情を育てる。	★自分の弱い心と向き合い，乗り越えるために必要なことは何だろう。
			【A（4）希望と勇気，克己と強い意志】 27　栄光の架橋	北川悠仁さん（ゆず）作詞の「栄光の架橋」と，曲作りのエピソードを読み，目標に向かって生きることの価値について考えさせ，希望をもって努力していこうとする心情を育てる。	★人は，どうして困難や失敗を乗り越えることができるのだろう。
シーズン4		1	【A（1）自主，自律，自由と責任】 28　裏庭での出来事	学校の物置のガラスを割ってしまったことを正直に報告することができなかった生徒の物語を通して，自分の行動に責任をもつことについて考えさせ，自ら考え判断したことに責任をもって行動していこうとする実践意欲と態度を育てる。	★自分の行動に責任をもつために大切なことは，どんなことだろう。

シーズン4 共に学び合いながら	新しい年度に向かう準備をする	1	【A（2）節度，節制】 29 「養生訓」より	「養生訓」を取り上げた漫画を通して，健やかな体を養うために節度や節制のある生活を送ることの大切さを考えさせ，心と体の健康を考えて生活していこうとする実践意欲と態度を育てる。	★健康な生活を送るうえで，体だけでなく心を元気にすることは，なぜ大切なのだろう。
			【D（22）よりよく生きる喜び】 30 撮れなかった一枚の写真	フォト・ジャーナリストの吉田ルイ子さんがベトナム戦争取材中に抱いた葛藤を記した文章を通して，ヒューマニズムや職業観について考えさせ，人としてよりよく生きていこうとする判断力や心情を育てる。	★あなただったら，シャッターを押しますか，押しませんか。
	よりよい学校をつくる一員としての自覚をもつ	2	【B（8）友情，信頼】 31 親友	異性の友達と友情を育んできた生徒の物語を通して，性別等にとらわれない友情関係や信頼関係について考えさせ，友達を大切にしていこうとする実践意欲や態度を育てる。	★友だちとうまくやっていくために大切なこととは，どんなことだろう。
			【C（10）遵法精神，公徳心】 32 雨の日の昇降口	急な雨の際，他人の傘を無断で借用してよいかどうかで迷う生徒の物語を通して，きまりを守ることの大切さや公徳心について考えさせ，住みよい社会にするために，公徳心をもって生活しようとする実践意欲と態度を育てる。	★住みよい社会を実現するために大切なのは，どんな心だろう。
			【C（15）よりよい学校生活，集団生活の充実】 33 初めての伴奏	合唱コンクールの練習をする生徒たちの物語を通して，お互いの役割や能力を尊重し，協力し合うことの大切さについて考えさせ，よりよい学校生活を自らつくっていこうとする実践意欲と態度を育てる。	★クラスで何かを成し遂げるときに大切なことは，何だろう。
			【A（3）向上心，個性の伸長】 34 カメは自分を知っていた	百人一首大会でライバル関係にある生徒たちの物語を通して，自己を知り，向上心をもって物事に取り組む姿勢について考えさせ，自分のよさを伸ばしていこうとする判断力や心情を育てる。	★自分のよさを伸ばすために大切なのは，どんなことだろう。
	希望をもって進級する	3	〔確かめよう〕	友達と互いの「よさ」を見つけ合う活動を通して，自他を肯定的に見つめ，互いに個性を伸ばし合う意識を養い，よさを認めていこうとする判断力や心情を育てる。	★自分を知ることは，自分の「よさ」や「さらに伸ばせるところ」を見つけることにつながる。友達と，お互いの「よさ」を見つけ合う活動をしよう。

計35

2学年　道徳科シラバス【表中のSはシーズン，Uはユニット，▢は他教材への差し替えをそれぞれ表す】

S	U	時	内容項目・資料名	ねらい	本質的な問い（主発問）
シーズン1 自覚をもって	上級生として生活する	4	【C（15）よりよい学校生活，集団生活の充実】 1 テニス部の危機	テニス部の活動方針を巡って対立した生徒の話を通して，集団の一員として，よりよくあるために大切なことを考えさせ，学校生活や集団生活を充実させていこうとする実践意欲と態度を育てる。	★集団の一員として，よりよくあるために大切なことは，何だろう。
			【A（2）節度，節制】 2 夢中になるのは悪いこと？	中高生を対象とした自由時間についての調査や，ネットゲームへの依存に関する新聞記事を通して，望ましい生活習慣について考えさせ，節度，節制ある生活を送ろうとする実践意欲と態度を育てる。	★望ましい生活習慣について，考えよう。

シーズン1　自覚をもって			【C（14）家族愛，家庭生活の充実】 3　三百六十五×十四回分の「ありがとう」	14歳の柳橋佐江子さんが，手術の前に母親に宛てて書いた手紙を通して，家族の在り方について考えさせ，家族への愛情をもち，家庭生活を充実させていこうとする実践意欲と態度を育てる。	★お母さんに伝えたいことはどんなこと
		5	【D（19）生命の尊さ】 4　命が生まれるそのときに	命についての詩と，出産を撮影するフォトグラファーの文章や写真を通して，「生きている」ことの尊さについて考えさせ，生命を尊重しようとする心情を育てる。	★「生きていることはあたりまえでない」と感じたことはあるだろうか。それはどんなとき
			【B（8）友情，信頼】 5　友達はライバル 友だち（わたしの築くみちしるべ）	バスケットボール部で競い合い，支え合うライバルの話を通して，友達とはどんな存在なのかを考えさせ，他者と友情，信頼を築いていこうとする実践意欲と態度を育てる。 友だちを頼って宿題を写させてもらうことを当然のことと考えている明くんの姿から，本当の友だちとはどういうものなのかを考え，よりよい友人関係に気づくことができる。	★友達とは，どんな存在なのだろう。
			【A（4）希望と勇気，克己と強い意志】 6　雪に耐えて梅花麗し──黒田博樹 プールを歩いて渡った少女（わたしの築くみちしるべ）	プロ野球と大リーグで活躍した黒田博樹投手の努力の軌跡を通して，挫折や失敗を乗り越え，一つのことを達成するのに大切なことはどんなことかを考えさせ，希望や勇気，強い意志をもって物事に取り組もうとする実践意欲と態度を育てる。 A子さんがクラスのボスに言われた意地悪なことについて，自分ならどうするか考えたり，お母さんの願う「強い子」の意味を考えたりすることを通して，本当の強さとは何かについて，自分の考えを持つことができる。	★挫折や失敗を乗り越え，一つのことを達成するのに大切なのは，どんなことだろう。
シーズン2　社会の一員として	他者を意識してきまりを守る	6	【A（1）自主，自律，自由と責任】 7　カラカラカラ みんなの自由な公園（NHKココロ部！）	電車の中で転がる空き缶をどうするか迷う主人公の姿を通して，自ら考えて行動するとはどういうことかを考えさせ，物事を自主的に考え，判断し，誠実に実行して，その結果に責任をもとうとする実践意欲と態度を育てる。 公園の決まりについて考えることを通して，自由と責任の関係に気づき，責任感のある自律した行動が自由には必要であることに気づく。	★自ら考えて行動するとは，どういうことだろう。
			【B（8）友情，信頼】 8　違うんだよ，健司	友達に適当に合わせると言っていた主人公が，本当に友達を気遣うことの大切さについて気づく物語を通して，信頼し，励まし合う友達とはどんな存在なのかを考えさせ，他者と友情と信頼を築いていこうとする実践意欲と態度を育てる。	★信頼し，励まし合える友達関係を築くには
			【C（10）遵法精神，公徳心】 9　民主主義と多数決の近くて遠い関係 まほうのスケート靴（NHKココロ部！）	「好きな案」と「望ましい案」をどう捉えるかについての説明文を通して，集団や社会の中で合意形成するとき，大切にすべきことについて考えさせ，法を遵守し，公徳を重んじようとする判断力や心情を育てる。 自分の目標とココロスポーツとの契約との間で揺れるコジマの気持ちを，多角的に思考し判断することを通して，よりよい生き方を考えることができる。	★集団や社会で何かを決めようとするとき，大切なことは何だろう。

シーズン2 社会の一員	みんなの命を大切にする	6	〔確かめよう〕	砂漠で生き残るために必要なものを話し合う活動（コンセンサスゲーム）を通して，合意形成のための話し合いの意義やそのよさを考える。	★大事な時，一人で決めるのと複数の人と決めるのはどちらがよい
		7 10	【B（6）思いやり，感謝】 松葉づえ	松葉づえを突いている転校生に親切にしていたクラスメートたちが，しだいに態度を変えてしまう姿を通して，「思いやり」とはどういうものかを考えさせ，思いやりの心をもって行動しようとする判断力や心情を育てる。	★「思いやり」とは。
		11	【D（19）生命の尊さ】 つながる命	脳死となった女児の両親が，女児の臓器提供を決断したことを取り上げた新聞記事を通して，「命」について考えさせ，生命を尊重する心情を育てる。	★「命」について，考えよう。
シーズン3 広い視野で	働くことについて考える	9	【C（13）勤労】 12 段ボールベッドへの思い	災害の避難者の健康を考えて段ボールベッドを考案し，設計図を無償で公表した会社の話を通して，人にとって働くことにはどんな意味があるのかを考えさせ，人や社会のために働いていこうとする実践意欲と態度を育てる。	★働く意味は。
			【A（5）真理の探究，創造】 13 スカイツリーにかけた夢	東京スカイツリーの設計士の，物事を追求する姿を通して，新しいものを生み出していくときに大切なことについて考えさせ，真理を探究して新しいものを創造しようとする実践意欲と態度を育てる。	★新しいものを生み出していくときに大切なことは，何だろう。
			【A（4）希望と勇気，克己と強い意志】 14 夢を求めてパラリンピック	障害を克服し，パラリンピックで数々の新記録を樹立して金メダリストとなった成田真由美さんの姿を通して，困難を乗り越えていくために大切な思いについて考えさせ，希望と勇気，強い意志をもって物事に取り組もうとする実践意欲と態度を育てる。	★目標を設定し，困難を乗り越えていくために大切な思いとは，どんなものだろう。
			【B（7）礼儀】 15 秀さんの心	職場体験で，心の籠もった礼儀の在り方にふれた二人の生徒の物語を通して，礼儀の意味について考えさせ，時と場にかなった適切な行動を取ろうとする実践意欲と態度を育てる。	★礼儀には，どのような意味があるのだろう。
	地域の将来について考える 環境について考える	10	【B（9）相互理解，寛容】 16 ジコチュウ	クラスメートの言動を自己中心的だと誤解した生徒の物語を通して，考えや立場の違いを尊重し合うためにどんなことが大切なのかを考えさせ，相互理解に努め，他者に対して寛容な気持ちで接しようとする実践意欲と態度を育てる。	★考えや立場の違いを尊重し合うためには，どんなことが大切なのだろう。
			【C（12）社会参画，公共の精神】 17 ちがいの意味を見直す	日本とバングラデシュの社会の違いについて述べた文章を通して，一人一人が社会をつくっていくときに大切なことについて考えさせ，社会や公共の問題に目を向け，参画していこうとする実践意欲と態度を育てる。	★一人一人が手を携えて社会をつくっていくために大切な考えとは，何だろう。
			【C（16）郷土の伝統と文化の尊重，郷土を愛する態度】 18 私の町	新潟県村上市の，郷土の祭りや町並みなどに対する生徒の思いを通して，故郷を思う心について考えさせ，郷土の伝統と文化を継承することに努めようとする実践意欲と態度を育てる。	★ふるさとを思う心について，考えよう。
			【D（20）自然愛護】 19 僕の仕事場は富士山です	富士山のガイドをする近藤光一さんの活動や思いについて述べた文章を通して，自然を守るために大切なことについて考えさせ，自然を愛し守っていこうとする実践意欲と態度を養う。	★美しい自然を守るために，大切なことは何だろう。

シーズン3 広い視野	世界の平和について考える	11	【D（21）感動, 畏敬の念】 20　宇宙の始まりに思いを寄せて	天文学者の大内正己さんが, 新しい天体を発見したときの思いを述べた文章を通して,「感動する心」について考えさせ, 自然や崇高なものに対して感動や畏敬の念を感じ取ろうとする心情を育てる。	★「感動する心」を見つめよう。
			【C（17）我が国の伝統と文化の尊重, 国を愛する態度】 21　さよなら, ホストファミリー	留学体験を経て, 日本の歴史や文化に向き合うようになった生徒の姿を通して, 自国の「よさ」とは何かを考えさせ, 国の伝統と文化を知ろうとする心情を育てる。	★自分の国の「よさ」とは, 何だろう。
			【C（11）公正, 公平, 社会正義】 22　明日, みんなで着よう	「ピンクシャツデー」といういじめ反対運動を, 世界に広めたカナダの生徒たちの実話を通して, いじめが起こったとき, どう行動するかについて考えさせ, 正義と公正, 公平さを重んじ, いじめや差別, 偏見のない社会を実現しようとする実践意欲と態度を育てる。	★いじめが起こったとき, 自分はどう考え, どう行動していくことができるだろう。
			【C（18）国際理解, 国際貢献】 23　アンネのバラ	「アンネのバラ」を育て続けている中学校の生徒たちの実話を通して, 平和な世界を実現するために大切なことは何かを考えさせ, 国際理解や国際貢献につながる行動をしていこうとする実践意欲と態度を育てる。	★平和な世界を実現するために大切なことは, 何だろう。
	自分のよさを伸ばす	12	【A（1）自主, 自律, 自由と責任】 24　「許せないよね」	インターネットへの匿名の書き込みから行き違いが生じてしまう物語を通して, 自分の行動に責任をもつことの大切さについて考えさせ, 物事を自律的に実行して, その結果に責任をもとうとする実践意欲と態度を育てる。	★自分の行動に責任をもつとは, どういうことだろう。
			【D（22）よりよく生きる喜び】 25　あと一歩だけ, 前に	スガシカオさんの曲の歌詞を通して, 自分を見つめ, 人として生きていくことがどういうことなのかを考えさせ, 弱さや醜さを克服してよりよく生きていこうとする心情を育てる。	★自分を見つめ, 人として生きることについて考えよう。
			【A（3）向上心, 個性の伸長】 26　優しさの光線	将来の夢が見えず, 自信を失っている生徒の心を描いた物語を通して, 自分の「よさ」について考えさせ, 向上心をもち, 個性を伸ばしていこうとする心情を育てる。	★自分の「よさ」を見つめよう。
シーズン4 よりよい社会を目ざして	二年生の生活を振り返る	1	【B（9）相互理解, 寛容】 27　「桃太郎」の鬼退治	昔話「桃太郎」と, それを鬼の子供の視点から捉えた広告作品とを通して, さまざまな考え方や立場の人どうしが理解し合うにはどうしたらよいのかを考えさせ, 相互理解に努め, 他者に対して寛容な気持ちで接しようとする判断力と心情を育てる。	★さまざまな考え方や立場の人どうしが理解し合うには, どうすればよいのだろう。
			アイツとセントバレンタインデー「中学生の道徳」	**異性の特性やちがいを正しく受け止め, ひとつの人格としてその尊厳を重んじようとする態度を育てる。**	
			【A（2）節度, 節制】28 箱根駅伝に挑む	箱根駅伝で優勝を果たした選手たちの日常生活について書かれた文章を通して, 将来をより豊かにするための生活習慣について考えさせ, 節度ある生活を送ろうとする実践意欲と態度を育てる。	★将来をより豊かにするための生活習慣について, 考えよう。

S	U	時	内容項目・資料名	ねらい	本質的な問い（主発問）
シーズン4　よりよい社会を目ざして	学校の最上級となる自覚をもつ	1	【D（22）よりよく生きる喜び】 29　人って，本当は？	孟子の「性善説」，荀子の「性悪説」を通して，人のもつ強さや弱さ，生き方について考えさせ，よりよく生きていこうとする判断力と心情を育てる。	★人のもつ強さや弱さを考えながら，自分のよりよく生きる道について考えよう。
		2	【A（3）向上心，個性の伸長】 30　嫌われるのを恐れる気持ち	他人に嫌われることを恐れ，本心を表に出せないことに悩む生徒の相談を通して，いろいろなものの見方や考え方を理解しながら，自らを高めていくことの大切さについて考えさせ，向上心をもち，個性を伸ばしていこうとする実践意欲と態度を育てる。	★いろいろなものの見方や考え方を理解し，自らを高めていこう。
			【B（6）思いやり，感謝】 31　気づかなかったこと	社会の否定的な面ばかりを見ていた生徒が，肯定的な面に気づく姿を描いた漫画を通して，人と接するときに大切なことは何かを考えさせ，他者への思いやりや感謝の気持ちをもって行動していこうとする実践意欲と態度を育てる。	★日々の生活で，人と接するときに大切なことは，何だろう。
			【C（11）公正，公平，社会正義】 32　クロスプレー	草野球の審判を引き受けた警官と子供たちとのやり取りを描いた物語を通して，公正な心をもつことの大切さについて考えさせ，正義と公正，公平さを重んじて行動しようとする実践意欲と態度を育てる。	★公正な心をもつ大切さについて，考えよう。
		3	【C（12）社会参画，公共の精神】 33　紙芝居	ボランティアで紙芝居を上演することになった生徒たちの物語を通して，社会に積極的に関わっていくことの大切さについて考えさせ，社会的な役割を果たし，自ら協力していこうとする実践意欲と態度を育てる。	★社会に積極的に関わっていくことは，どうして大切なのだろう。
			【D（19）生命の尊さ】 34　泣きすぎてはいけない	亡くなった祖父から孫へのメッセージを通して，「生きる」ということについて考えさせ，生命を尊重しようとする心情を育てる。	★「生きる」ということについて，考えよう。
	学びの広場		【C（10）遵法精神，公徳心】 35　無人スタンド	野菜販売の無人スタンドで適正な料金を支払わずに立ち去った少年に声をかけられなかった男性の姿を描いた物語を通して，規律のある安定した社会とはどのようなものかを考えさせ，法を遵守し，公徳を重んじようとする判断力や心情を育てる。	★規律のある，安定した社会とは，どのようなものだろう。

計35

3学年　道徳科シラバス【表中のSはシーズン，Uはユニット，▢は他教材への差し替えをそれぞれ表す】

S	U	時	内容項目・資料名	ねらい	本質的な問い（主発問）
シーズン1　志をもって	最上級生としての自覚をもって行動する	4	【A（4）希望と勇気，克己と強い意志】 1　メダルの向こう側に	スキージャンプの葛西紀明選手の業績を振り返る文章や資料を通して，困難や失敗を乗り越えて物事をやり遂げるために大切なことは何かを考えさせ，目標に向かって強い意志をもって取り組もうとする実践意欲と態度を育てる。	★念願のメダリストになっても，どうしてさらなる上を目指すのだろう。
			【C（11）公正，公平，社会正義】 2　小さな出来事	過去に自分が行った不公正なふるまいを回想する人物を描いた魯迅の小説を通して，誰に対しても公平に接するためにはどんな考え方が必要かを考えさせ，公正，公平な社会を築いていこうとする実践意欲と態度を育てる。	★誰に対しても公平に接するためには，どんなふうに考えるようにすればいいのだろう。

シーズン1 志をもって			「ブレーメンの音楽隊」裁判（ＮＨＫ昔話法廷）	被告人のロバを刑務所に送るか，それとも執行猶予にするかという裁判を通して，法廷でのやり取りを多面的・多角的に考えさせ，公正，公平な社会を築いていこうとする実践意欲と判断力を育てる。	
			【B（6）思いやり，感謝】 3　背番号10	挫折を乗り越えて野球部のキャプテンとしての役割を果たす生徒の物語を通して，自分と周りの人々がどのような思いで関わっているのかを考えさせ，思いやりや感謝の念をもって他者に向き合おうとする実践意欲や態度を育てる。	★なぜ，監督は「ぼく」に背番号10を渡し，ベンチ入りさせたのだろう。
		5	【D（19）生命の尊さ】 4　あの日生まれた命	東日本大震災の被災者への支援プロジェクトを巡る実話を通して，命を大切にするとはどういうことかを考えさせ，自他の生命を尊ぶ心情を育てる。	★お母さんと真奈ちゃんが希望の「君の椅子」とともに受け取ったものは何だろう。
			【A（1）自主，自律，自由と責任】 5　「知らないよ。」	文化祭の実行委員とクラスメートとの間に起こった行き違いの物語を通して，自分で考え，誠実に行動することがなぜ大切なのかを考えさせ，自身の役割を責任をもって果たそうとする実践意欲と態度を育てる。	★「ぼく」がどうしても真緒に伝えたいことは何だろう。
			【C（10）遵法精神，公徳心】 6　二通の手紙	規則より心情を優先させたために起こったトラブルを描いた物語を通して，規則は何のためにあるのかを考えさせ，規則を守って行動しようとする実践意欲と態度を育てる。	★規則は，何のためにあるのだろう。
シーズン2 他者と共に生きる社会を目ざして	自分に合った生き方を考える	6	【A（3）向上心，個性の伸長】 7　がんばれ　おまえ	体面を繕うあまり，内心に不安を抱える生徒を描いた物語を通して，「自分」について考えさせ，自分の個性を見つめ，伸ばしていこうとする判断力と心情を育てる。	★自分には，どんな「おれ」や「おまえ」がいるのだろう。
			【D（22）よりよく生きる喜び】 8　足袋の季節	つり銭をごまかし，それを償うことができなかった過去のことを振り返った随筆を通して，自分の弱さや醜さを見つめてそれを乗り越えることの大切さについて考えさせ，誠実に生きようとする判断力と心情を育てる。	★もし，生きているおばあさんに「私」が再会できたら，「私」はおばあさんに，どんな言葉をかけるだろう。
	他者と共に生きる社会を思い描く		【B（9）相互理解，寛容】 9　アイツとオレ	対照的な性格の二人の生徒の対話を描いた漫画を通して，人とわかり合うことはなぜ必要なのかを考えさせ，他者と相互に理解し合い，高め合おうとする判断力と心情を育てる。	★「アイツ」の言葉の後に「アイツ」と「オレ」が話し合うとしたら，どんな会話になるのだろう。
			【C（11）公正，公平，社会正義】 10　ぼくの物語　あなたの物語	黒人作家ジュリアス・レスターの人種差別問題についてのメッセージを通して，差別や偏見のない社会を築くために大切な心について考えさせ，公正，公平で，社会正義に基づいた行動を取っていこうとする判断力と心情を育てる。	★「あってはならないちがい」に出会ったとき，どのように考え，行動すればよいのだろう。
		7	【C（12）社会参画，公共の精神】 11　電話番	北海道南西沖地震の際，奥尻島の避難所で電話番をした生徒たちの話を通して，社会の一員として主体的に関わっていこうとする意識の大切さについて考えさせ，社会や公共の問題に目を向け，参画していこうとする実践意欲と態度を育てる。	★社会の一員として，自分からさまざまなことに関わっていくために大切なのは，どんな心だろう。
			【A（5）真理の探究，創造】 12　根本を究めて──「お茶博士」辻村みちよ	日本初の女性農学博士・辻村みちよの業績を追った文章を通して，真理を探究するのにどんなことが大切なのかを考えさせ，自ら道を切り開き，真理を探究しようとする実践意欲と態度を育てる。	★みちよの「探求する心」は，みちよの人生や周囲の人々，日本，世界などにどのような影響を与えたのだろう。

シーズン3　広い視野で	学校での他者との関わりを振り返る	9	【B（8）友情，信頼】 13　私がピンク色のキャップをかぶるわけ	水泳の全国大会を目ざす生徒とそのライバルとの交流を描いた生徒作品を通して，友達の存在について考えさせ，深い友情や信頼関係を築いていこうとする心情を育てる。	★自分にとって「ライバル」とはどんな存在だろう。
			【A（1）自主，自律，自由と責任】 14　三年目の「ごめんね」	周囲になじめない生徒と交友をもとうとしながら途中で投げ出してしまった生徒の物語を通して，自分の行動に責任をもつとはどういうことかを考えさせ，自主的，自律的に，責任ある行動をしていこうとする判断力や心情を育てる。	
			指導論（わたしの築くみちしるべ）	「先生に行けと言われたので」と話した陸上選手についての話を通して，自分の行動に責任をもつとはどういうことかを考えさせ，自主的，自律的に，責任ある行動をしていこうとする判断力や心情を育てる。	★為末さんが考える「自己決定できる人間」とは，どんな人を指しているのだろう。
	社会との関わりについて考える		【B（7）礼儀】 15　礼儀正しさとは	礼儀正しい言葉遣いやしぐさを書き出したり，柔道・大野将平選手のオリンピックでのエピソードを読んだりして，礼儀の意味を考えさせ，礼儀正しい行動を取ろうとする実践意欲と態度を育てる。	★礼儀には，どんな意味があるのだろう。
			【C（12）社会参画，公共の精神】 16　一票を投じることの意味	選挙に関心をもち始めた生徒を描いた物語と，選挙の意味について書かれた説明文を通して，よりよい社会を実現するために大切なことについて考えさせ，社会や公共の問題に目を向け参画していこうとする実践意欲と態度を育てる。	★よりよい社会を実現するために，大切なことは何だろう。
	理想の社会を思い描く	10	【C（10）遵法精神，公徳心】 17　闇の中の炎	既存の芸術作品を参考にして自分の作品を描いたことに後ろめたさを感じている生徒の物語を通して，法やきまりを守ろうとする心について考えさせ，規則を守って行動しようとする実践意欲と態度を育てる。	★「法やきまり」を守る心を支えるものとは，何だろう。
			【C（13）勤労】 18　聖地甲子園の土守	甲子園球場のグラウンドキーパーとして土や芝生を守った藤本治一郎さん，辻啓之介さん，金沢健児さんについての文章を読んで，人は何のために働くのかについて考えさせ，働くことを尊ぶ心情を育てる。	★野球に関わる仕事にはそれぞれどんな「意義」や「やりがい」があるのだろう。
			【C（17）我が国の伝統と文化の尊重，国を愛する態度】 19　障子あかり	照明デザイナーの石井幹子さんが障子のあかりについて述べた文章を通して，日本の文化を知り，継承していくことの大切さについて考えさせ，伝統と文化を尊重していこうとする実践意欲と態度を育てる。	★日本の文化を引き継いでいくことは，自分たちにとってどんな意味があるのだろう。
			【D（21）感動，畏敬の念】 20　サグラダ・ファミリア──受け継がれていく思い	スペインのサグラダ・ファミリア建設に携わる人々に関する文章を通して，時を超えてつながる思いを見つめさせ，人間の生の有限性を超えて永遠に続いていくものへの感動や，畏敬の念を深める。	★外尾さんが感じる「永遠の命」とは，どんなものだろう。
		11	【A（3）向上心，個性の伸長】 21　先人の言葉──「論語」	「論語」の7つの章句を読むことを通して，自分を見つめ，輝かせることについて具体的に考えさせ，向上心をもち，個性を伸ばしていこうとする実践意欲と態度を育てる。	★なぜわたし達は先人の言葉を学ぶのだろう。

シーズン3 広い視野で	広い社会に目を向ける	11 12	【A（5）真理の探究，創造】 22 私が目ざした白――陶芸家・前田昭博	陶芸家の前田昭博さんが陶芸の道を歩むことを決意してから現在に至るまでを語った講演記録を通して，物事を追究していく心について考えさせ，真理を探究し，創造的であろうとする心情を育てる。	★追究が自分にもたらすものとは何だろう。
			【D（19）生命の尊さ】 23 命の選択	祖父の意思に反して延命措置を施すことについて葛藤する家族の姿を描いた文章と，尊厳死に対する複数の立場の新聞投稿を通して，命について多面的・多角的に考えさせ，生命を尊ぶ心情を育てる。	★「命の選択」は間違っていると思うか，間違っていないと思うか。
			【C（16）郷土の伝統と文化の尊重，郷土を愛する態度／D（20）自然愛護】 24 村長の決断	過疎化を解決するために開発を進めるか否かに悩む人物を描いた物語を通して，郷土や自然を大切にするとはどういうことか，また，自分の行動をどのように決断するかについて考えさせ，郷土や自然に関する課題を解決していこうとする判断力や心情を育てる。	
			ぼくらの村の未来（NHKココロ部！）	**便利で安全な暮らし（村の発展）か自然を守る（豊かな自然）かに悩む人物を描いた物語を通して，郷土や自然を大切にするとはどういうことか，また，自分の行動をどのように決断するかについて考えさせ，郷土や自然に関する課題を解決していこうとする判断力や心情を育てる。**	★10年後，100年後の村の未来のことを考え，コジマくんはどうしたらよいのだろう
		12	【C（18）国際理解，国際貢献】 25 希望の義足	ルワンダ内戦で負傷した人々を支援するプロジェクトを立ち上げた吉田真美さんらの活動について書いた文章を通して，世界で日本人として行動するのに大切なことは何かを考えさせ，国際理解や国際貢献に携わろうとする実践意欲や態度を育てる。	★国際協力において本当に必要なことは何だろう。
			【B（9）相互理解，寛容】 26 恩讐の彼方に	贖罪のために難事業に取り組む僧と，彼に復讐を企てる若者を描いた小説を通して，「寛容の心」とはどんな心なのかを考えさせ，他者に対して寛容な心をもち，理解し合おうとする心情を育てる。	★この物語で，実之助が得たものとは何だろう。
シーズン4 未来を切り開く	卒業に向かって自分の生活を振り返る	1	【A（4）希望と勇気，克己と強い意志】 27 『落葉』――菱田春草	日本画に新しい画法や考え方をもたらした菱田春草の生涯を描いた文章を通して，信念や意志について考えさせ，逆境にあっても希望や強い意志をもって生きていこうとする心情を育てる。	★自分の描き方を貫いた春草が「絵の中に溶けこんでしまうような気持ち」になったというが，これはどういう意味だろう。
			【A（2）節度，節制】 28 小さいこと	自分への「しつけ」として便所の草履をそろえるという習慣をつづった随筆を通して，自らの生活を振り返り，小さなことを継続していくことの尊さを考え，よい生活習慣を続けていこうとする実践意欲と態度を育てる。	★よい生活習慣を実践するのに大切な心構えとは，何だろう。
			【C（15）よりよい学校生活，集団生活の充実】 29 巣立ちの歌が聞こえる	卒業式を前に自分たちの学校を意識し，自主的に校舎を掃除したり修理したりした生徒たちの物語を通して，よい校風を作り，継承していくために大切なことは何かを考えさせ，学校生活や集団生活を充実させていこうとする実践意欲と態度を育てる。	★よい校風を作り，継承していくために大切なことは，何だろう。
		2	【C（14）家族愛，家庭生活の充実】 30 一冊のノート	認知症の祖母のことをとまどいながらも受け入れていこうとする家族の姿を描いた物語を通して，家族の在り方について考えさせ，家庭生活を充実させようとする実践意欲と態度を育てる。	★「一冊のノート」の話から見えてくる家族の形とは，どんなものだろう。

シーズン4　未来を切り開く	感謝の心をもち，新しい進路へはばたく	2	【D（19）生命の尊さ】 31　命と向き合う	生命誌研究者の中村桂子さんによる「命」に関する文章を読み，話し合う活動を通して，命の尊さについて考えさせ，生命を尊ぶ心情を育てる。	★命の尊さについて考えよう。
			【B（8）友情，信頼】 32　嵐の後に	父親の漁船で働く青年とその幼なじみが，一度は疎遠になった友情を取り戻していく物語を通して，信頼し合える友達とはどのような関係かを考えさせ，友情や信頼を築いていこうとする判断力や心情を育てる。	★信頼し合える友達とは，どのような関係の者どうしのことなのだろう。
		3	【B（6）思いやり，感謝】 33　出会いの輝き	留学時代の恩師や仲間との交流を回想した今道友信さんの随筆を読み，人と人とのつながりについて考えさせ，思いやりや感謝の気持ちをもって生きていこうとする心情を育てる。	★「いい思い出」とは，人々のどんな思いでできているのだろう。
学びの広場			【D（22）よりよく生きる喜び】 34　手紙	アンジェラ・アキさん作詞の「手紙～拝啓 十五の君へ～」を通して，未来の自分について考えさせ，よりよく生きようとする判断力と心情を育てる。	★未来の自分になったつもりで，自分に手紙を書こう。
			【D（22）よりよく生きる喜び】 35　二人の弟子 風に立つライオン（中学生の道徳）	二人の僧が自らの心の弱さを乗り越えようとする物語を通して，人間の弱さとそれを克服する心について考えさせ，よりよく生きようとする判断力と心情を育てる。 理想の自己を求めて生きる一人の青年医師が，かつての恋人に宛てた返信の手紙を通して，絶えず高い理想を求め，志をもって明るく生きることで，自己の人生を豊かにしようとする実践意欲を育てる	★人間の弱さを見つめ，それを克服する心について考えよう。
（計35）					

おわりに

　2020年1月16日、大町一中の「学びの集会（生徒集会）」でのことです。研究主任矢口先生（本書第5章執筆）の司会で、在校生代表3年生女子、同校の卒業生の高校1年生男子と2年生女子、また同校の先生および村瀬という5名の登壇者によるパネルディスカッションが開かれました。大町一中の「協働の学び」から何を学び、未来にどのように役立てたいか、中学生や高校生の生徒さんたちに聴くものでした。

　そこで聴いた生徒さんたちの言葉の力強さに、先生（大人）たちは圧倒されました。「協働の学びは、自分が深まる」「友の言葉から新しいものが生まれる」「わからないとき、困ったときにはそう伝えよう」「人と違っていてもいい、違うことを認め合うのだから」。

　地球規模で格差がはびこる時代に、AIが人間存在を疑わせる時代に、これほど確かな学びの姿を子どもたちに見ることができるとは、なんと幸せなことでしょう。大町一中を誇りに思う生徒さんたちを、私たちもまた誇りに感じてよいのだと、励まされた思いです。

　社会が大きく変動し、教育とは何であり、学校は何ができるのか揺れています。そうした中、本書に記された大町一中の歩みは、お読みいただいた皆様の心に何を伝えられたでしょうか。答えが一つでなくとも、考え合い、認め合う大町一中の生徒さんたちのように、私たちも考え続ける仲間でありたいと願っております。

2020年1月　雪の降り積もる大町温泉郷の宿にて

村瀬公胤

私がわたしらしく育つ学校

子どもも教師も学ぶ　大町市立第一中学校のカリキュラム・マネジメント

2020年3月10日　第1刷発行	
編著者	村瀬公胤
著　者	塩原雅由・山﨑晃・林健司・矢口直樹・大町市立第一中学校
発行者	村瀬公胤
発行所	麻の葉出版
	〒106-0044 東京都港区東麻布1-27-8
	℡03-3505-3380　メール office@azabu-edu.net
発行所・発売所	株式会社めでぃあ森
	〒102-0074 東京都千代田区九段南1-5-6 りそな九段ビル5F
	〒203-0054 東京都東久留米市中央町3-22-55
	℡03-6869-3426　042-470-4975　Fax042-470-4974
印刷・製本	シナノ書籍印刷株式会社

Ⓒ Masatsugu Murase 2020 Printed in Japan
ISBN978-4-908371-00-4
ISBN978-4-9906640-9-1